Die 100
LIEBLINGSGERICHTE DER DEUTSCHEN

Rezept-Highlights, die wir
immer, immer, immer
wieder kochen möchten

1–50

51–100

Sonderseiten

Was und wie genießt Deutschland?

WEM DAS SCHMECKT, DER MAG AUCH

- die Lasagne auf Seite **13**
- die Moussaka auf Seite **131**

Ob Schnitzelfan, Nudeljunkie oder Suppenfreund – du willst gerne mal was Neues probieren? In diesen Kästen findest du ganz fix Alternativen für deine Lieblingsrezepte. So gibt's noch mehr »Mmhh«!

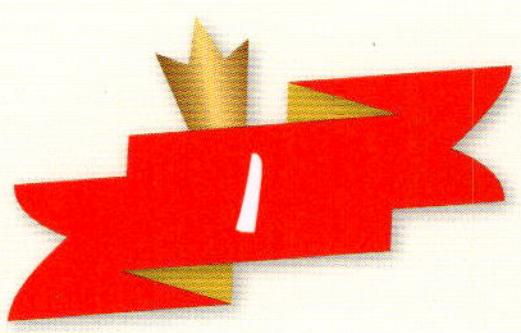

PLATZ 1–10

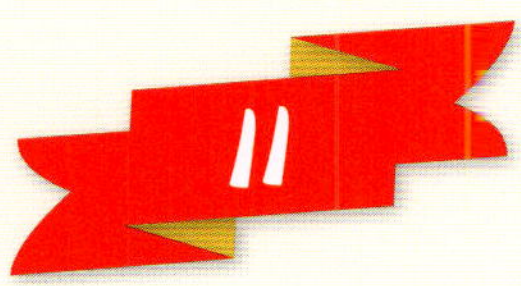

PLATZ 11–100

Die Besten der Besten – von Platz 1 bis Platz 100! Wer gezielt nach einem bestimmten Leibgericht sucht, schaut einfach ins Register ab S. 230.

Wecke den Foodie in dir!

Pasta, Pizza und Risotto bringen dich ins Schwärmen, weil sie dich von deinem letzten Italien-Urlaub träumen lassen? Milchreis erinnert dich an glückliche Kindertage, denn deine Oma hat dieses Gericht immer für dich gekocht? Und zu einer Currywurst oder einem Burger würdest du nie Nein sagen, weil dieses Soulfood dir einfach gute Laune bereitet? Ohhhhhh, ein Rezept ist eben so viel mehr als bloß eine Auflistung von Zutaten – es ist die Anleitung für dein Lieblingsgericht!

Welche Rezepte tatsächlich zu den Must-haves gehören, wollte die GU-Kochbuch-Redaktion wissen. Wir haben für dich Archive durchforstet, Studien gelesen, mit Experten gesprochen, Umfragen gestartet, Social-Media-Plattformen und unsere Küchengötter-Food-Website durchkämmt. Herausgekommen sind diese Top 100! Alle Lieblingsessen – mal deftig, mal süß, mal rustikal und mal exotisch. Neben den unverzichtbaren Klassikern von früher und heute haben wir diese Buchseiten für dich mit unserem geballten Food-Wissen gespickt: die ultimativen Hitlisten, coole Kuriositäten, abgefahrene Festivals, heiße Trends, praktische Tipps und peinliche Fettnäpfchen.

Wir wünschen dir viel Spaß mit Rezept-Highlights, ohne die wir nicht leben könnten. Diese Top-100-Favoriten musst du nachkochen!

10 GRÜNDE, WARUM JEDER *dieses Buch* BRAUCHT

1. **Hier gibt's 100 Lieblingsrezepte** auf einen Schlag.
2. **Pizza ist auf Platz 1.** Lecker!
3. **Echte GU-Insider** haben die Rezepte für dich ausgewählt.
4. **Alle Gerichte sind wirklich easy** gemacht.
5. **Coole Hitlisten** lassen dich staunen und schmunzeln.
6. **Trends & No-gos** machen dich zum Foodie.
7. **Absolut Instagram-tauglich,** poste deine Hits *#lieblingsrezept*
8. **Schnitzel ist auf Platz 11.** Yummy!
9. **Experten-Tipps & Tricks** gibt's gratis dazu.
10. **Noch mehr Abwechslung:** »Wenn du das magst, magst du auch …«

19

PIZZA

UNSER GRUNDREZEPT FÜR ALLE: OFENFRISCHE PIZZA MARGHERITA

FÜR 4 PERSONEN
ZUBEREITUNGSZEIT CA. 20 MIN.
RUHEZEIT 1 STD.
BACKZEIT 10 MIN. (PRO PIZZA)
PRO PORTION CA. 1005 KCAL

ZUTATEN
400 g Mehl (Type 550)
100 g Instant-Polenta (feiner Maisgrieß)
1 TL Salz
2/3 Würfel Hefe (ca. 30 g)
3 EL Olivenöl

FÜR DEN BELAG
1 Dose Pizza-Tomaten (240 g Abtropfgewicht)
Salz | Pfeffer
3 Kugeln Büffelmozzarella (je ca. 125 g)
50 g Pecorino | 4 Stängel Basilikum
4 EL Olivenöl

AUSSERDEM
Pizzastein (nach Belieben)
Mehl zum Arbeiten | Backpapier

WEM DAS SCHMECKT, DER MAG AUCH

- den Flammkuchen auf Seite **159**
- die Texmex-Tacos auf Seite **213**

1. Für den Teig das Mehl mit der Instant-Polenta und dem Salz in einer Schüssel mischen. Hefe in 300 ml lauwarmes Wasser bröckeln und darin auflösen. Mit dem Olivenöl zum Mehl geben. Alles mit den Händen zu einem glatten Teig verkneten. Abgedeckt an einem warmen Ort 1 Std. gehen lassen.

2. Knapp 30 Min. vor dem Backen den Backofen auf 250° vorheizen, dabei das Backblech oder eventuell einen Pizzastein (unten) in den Ofen schieben.

3. Für den Belag die Tomaten in ein Sieb gießen und abtropfen lassen, dann mit Salz und Pfeffer würzen. Den Mozzarella in Stücke zupfen und den Pecorino fein reiben. Die Basilikumblätter von den Stängeln abzupfen.

4. Den Teig auf der leicht bemehlten Arbeitsfläche nochmals gut durchkneten und vierteln. Ein Viertel möglichst dünn rund ausrollen (ca. 25 cm Ø) und auf einen Bogen Backpapier geben. Mit je einem Viertel von Tomaten, Mozzarella und Pecorino belegen. Pizza samt Backpapier aufs heiße Blech oder den heißen Pizzastein ziehen und ca. 10 Min. backen, bis der Rand gebräunt und der Käse zerlaufen ist.

5. Die fertige Pizza aus dem Ofen nehmen und mit 1 EL Öl beträufeln, mit Salz und Pfeffer würzen. Ein Viertel der Basilikumblätter grob zerzupfen und über die Pizza streuen. Die Pizza vierteln und gleich servieren. Dann nach und nach die restlichen Pizzas wie beschrieben zubereiten, teilen und auf den Tisch stellen.

PIZZA-FANTASIEN OHNE ENDE

Jetzt steht der Lieblingspizza nichts mehr im Weg: Wie wär's mit Pizza Tonno mit Thunfisch und Zwiebeln oder einer Vier-Jahreszeiten-Pizza mit Champignons, Artischocken, Salami und Paprika? Aber es geht noch viel spannender: Pizza war ursprünglich ein Resteessen, und auch heute noch ist sie prima geeignet, aus übrig gebliebenen Zutaten einen Hochgenuss zu zaubern. Erlaubt ist, was schmeckt! Aber überfrachte deine Pizza nicht mit einer zu großen Menge an Belag. Wasserreiches Gemüse wie Zucchini oder Pilze nur sehr dünn schneiden, sonst wird es schnell matschig. Auch zu viel Käse macht den Teigfladen schwer und überdeckt alle anderen Aromen, deshalb wird auch milder Mozzarella für eine Pizza verwendet. Wer es kräftiger mag, kann ihn mit Sorten wie Cheddar und Emmentaler mischen oder am Ende würzige Parmesanspäne aufstreuen.

2

LASAGNE

UNSER LIEBLINGSREZEPT DES ITALIENISCHEN KLASSIKERS

FÜR 4 PERSONEN
ZUBEREITUNGSZEIT CA. 40 MIN.
BACKZEIT 40 MIN.
PRO PORTION CA. 1230 KCAL

ZUTATEN

FÜR DIE HACKFLEISCHFÜLLUNG
200 g Zwiebeln
2 Knoblauchzehen
3 Möhren
2 Stangen Staudensellerie
2 EL Olivenöl
600 g gemischtes Hackfleisch
150 ml Rotwein
1 Zweig Rosmarin
2 Lorbeerblätter
1 große Dose stückige Tomaten
(480 g Abtropfgewicht)
Salz | Pfeffer

FÜR DIE BÉCHAMELSAUCE
70 g Butter
60 g Mehl
800 ml Milch (3,5 % Fett)
30 g geriebener Parmesan
Salz | Pfeffer
frisch geriebene Muskatnuss

AUSSERDEM
Auflaufform (ca. 25 × 25 cm)
Butter für die Form
12 Lasagne-Nudelplatten
(ohne Vorkochen)
200 g Mozzarella
3 Zweige Salbei
50 g geriebener Parmesan

1. Für die Bolognesesauce die Zwiebeln schälen und klein würfeln. Knoblauch schälen und in dünne Scheiben schneiden. Die Möhren schälen, den Sellerie waschen und putzen, beides ebenfalls möglichst klein schneiden.

2. Das Öl in einem weiten, großen Topf erhitzen. Knoblauch, Zwiebeln, Möhren und Sellerie darin 4 Min. anbraten. Das Hackfleisch dazugeben und 3 Min. anbraten. Den Rotwein dazugießen und auf die Hälfte einkochen.

3. Den Rosmarin und die Lorbeerblätter abbrausen und trocken schütteln, dann zusammen mit den Tomaten mit in den Topf geben. Alles aufkochen und bei mittlerer Hitze in 10–15 Min. dicklich einkochen. Mit Salz und Pfeffer würzen.

4. Inzwischen für die Béchamelsauce die Butter in einem Topf zerlassen und das Mehl darunterrühren. Die Milch nach und nach dazugießen, dabei kräftig mit einem Schneebesen rühren. Aufkochen und bei schwacher Hitze unter gelegentlichem Rühren in 10 Min. zu einer dicklichen Sauce einkochen. Den Parmesan unterrühren, mit Salz, Pfeffer und Muskat würzen.

5. Den Backofen auf 180° vorheizen. Die Kräuter aus der Bolognesesauce nehmen. Die Auflaufform mit der Butter einfetten und etwas Béchamelsauce auf den Boden der Form streichen. Darauf schichtweise Nudelplatten, Bolognese und Béchamel verteilen, dabei mit einer Schicht Béchamel enden.

6. Den Mozzarella in grobe Stücke zupfen. Den Salbei abbrausen und trocken schütteln, Blätter abzupfen. Parmesan über die Lasagne streuen, darauf Mozzarella und Salbei verteilen. Die Lasagne im Ofen (2. Schiene von unten) in ca. 40 Min. goldbraun backen. Lasagne etwas abkühlen lassen und servieren.

3

SPAGHETTI BOLOGNESE

SIE WIRD GELIEBT UND BELOHNT DAS MIT UNNACHAHMLICH WÜRZIGEM GESCHMACK

FÜR 4 PERSONEN
ZUBEREITUNGSZEIT CA. 1 STD.
GARZEIT 1 STD. 30 MIN.
PRO PORTION CA. 1050 KCAL

ZUTATEN
200 g Möhren
3 Stangen Staudensellerie
1 große Zwiebel
1–2 Knoblauchzehen
100 g Räucherspeck | 4 EL Olivenöl
500 g gemischtes Hackfleisch
Salz | Pfeffer
100 ml trockener Rotwein
4 EL Tomatenmark
250 ml Fleischbrühe (Instant)
5 Zweige Thymian
1 Bund Petersilie
2 kleine Dosen stückige Tomaten (je 240 g Abtropfgewicht)
1 Lorbeerblatt | 1 gehäufter EL Butter
1–2 Prisen Zucker
400 g Spaghetti

AUSSERDEM
geriebener Parmesan

WEM DAS SCHMECKT, DER MAG AUCH

die Lasagne auf Seite **13**

die Moussaka auf Seite **131**

1. Die Möhren schälen, putzen und in 1 cm große Würfel schneiden. Den Sellerie putzen und waschen, die Stangen der Länge nach halbieren und klein schneiden. Zwiebel und Knoblauch schälen und in kleine Würfel schneiden. Den Speck ohne Schwarte ganz fein würfeln. 2 EL Öl in einer weiten Pfanne erhitzen. Zwiebel und Gemüse darin ca. 5 Min. bei mittlerer Hitze anbraten. Den Knoblauch dazugeben und 1 Min. mitdünsten. Alles in einen großen Schmortopf geben.

2. Restliches Öl in der Pfanne erhitzen. Das Hackfleisch darin bei großer Hitze ca. 10 Min. kräftig anbraten und mit dem Pfannenwender zerkrümeln. Salzen und pfeffern. Speck dazugeben. Mit Rotwein ablöschen und kurz einkochen. Tomatenmark und Brühe unterrühren und aufkochen. Zum Gemüse in den Topf geben.

3. Den Thymian waschen und trocken schütteln. Die Petersilie waschen und trocken schütteln, die Blättchen fein hacken. Stückige Tomaten, Lorbeerblatt, gehackte Petersilie und Thymianzweige zu Gemüse und Fleisch geben und das Ganze aufkochen. Bei kleiner Hitze im leicht geöffneten Topf ca. 1 Std. 30 Min. sanft kochen, sodass die Sauce schön sämig wird. Zwischendurch umrühren.

4. Die Thymianzweige entfernen. Die Butter unter die Sauce rühren und diese mit Salz, Pfeffer und Zucker abschmecken.

5. Die Spaghetti in reichlich kochendem Salzwasser bissfest garen und abgießen. Mit der Sauce bolognese anrichten und mit geriebenem Parmesan servieren.

MMHH, LECKER

Es lohnt sich eigentlich immer, gleich die doppelte Menge Sauce zu kochen. Sie schmeckt aufgewärmt fast noch besser und kann auch eingefroren werden.

4

PFANNKUCHEN

UNSCHLAGBAR LECKER – EGAL OB WÜRZIG ODER FRUCHTIG

PFANNKUCHEN MIT SPECK

FÜR 8 STÜCK
ZUBEREITUNGSZEIT CA. 35 MIN.
RUHEZEIT 30 MIN.
PRO STÜCK CA. 280 KCAL

ZUTATEN
150 g Weizenmehl
75 g Weizenvollkornmehl
500 ml Milch (3,5 % Fett)
4 Eier (Größe M) | 1 TL Salz
3/4 Bund Frühlingszwiebeln
2 kleine reife Birnen
2 EL Haselnusskerne
200 g Frühstücksspeck (Bacon) in dünnen Scheiben | Pfeffer

AUSSERDEM
2–3 EL Butterschmalz oder Öl zum Braten

1. Für den Teig beide Sorten Mehl in eine Schüssel geben, die Milch dazugießen und alles glatt rühren. Eier und Salz unterrühren. Den Teig abgedeckt 30 Min. ruhen lassen.

2. Die Frühlingszwiebeln putzen, waschen, trocken tupfen und in breite Röllchen schneiden. Die Birnen waschen, trocken tupfen, vierteln, entkernen und in Spalten schneiden. Die Haselnusskerne grob hacken.

3. In einer beschichteten Pfanne etwas Butterschmalz oder Öl erhitzen (am besten mit zwei Pfannen arbeiten!). 2–3 Speckscheiben hineinlegen und kurz anbraten.

4. Ein Viertel des Teigs hineingießen und zerfließen lassen. Den Teig mit Birnenspalten und Frühlingszwiebelröllchen belegen, mit Nüssen bestreuen und mit Pfeffer würzen. Bei mittlerer Hitze ca. 2 Min. braten, dann den Pfannkuchen wenden und von der zweiten Seite in 1–2 Min. fertig backen.

5. Aus dem übrigen Teig und den übrigen Zutaten auf die gleiche Weise 6 weitere Pfannkuchen backen.

6. Diese herzhaften Pfannkuchen passen gut in die kühlere Jahreszeit. An »süßeren« Tagen kann man zusätzlich einen Löffel Birnen- oder Apfeldicksaft darüberfließen lassen.

PFANNKUCHEN MIT ERDBEER-KOMPOTT

FÜR 4 PERSONEN
ZUBEREITUNGSZEIT CA. 15 MIN.
RUHEZEIT 30 MIN.
PRO PORTION CA. 520 KCAL

ZUTATEN
150 g Mehl | Salz
200 ml Milch (3,5 % Fett)
4 Eier (Größe M)
300 g Erdbeeren
300 g Rhabarber
1 Zitrone
150 ml roter Fruchtsaft (z. B. Kirschsaft)
50 g Puderzucker

AUSSERDEM
2–3 EL Butterschmalz oder Öl zum Braten

1. Das Mehl in eine Schüssel geben und mit 1 Prise Salz mischen. Die Milch unter Rühren dazugießen und das Ganze mit dem Schneebesen glatt rühren. Die Eier einzeln darunterrühren. Den Teig ca. 30 Min. zugedeckt ruhen lassen.

2. Inzwischen die Erdbeeren von den Kelchen befreien, putzen, waschen und halbieren. Den Rhabarber putzen, die Fäden abziehen, die Stangen waschen und schräg in ca. 2 cm lange Stücke schneiden. Die Zitrone auspressen. Den roten Fruchtsaft mit Zitronensaft und Puderzucker aufkochen. Den Rhabarber dazugeben und ca. 4 Min. sanft kochen. Die Erdbeeren hinzufügen und alles gut vermischen.

3. Etwas Fett in einer beschichteten Pfanne erhitzen. Den Teig durchrühren, eine kleine Kelle Teig in die Pfanne geben und durch leichtes Schwenken gleichmäßig verteilen. Sobald die Unterseite leicht gebräunt ist und sich vom Boden löst, den Pfannkuchen wenden und auf der anderen Seite fertig backen. Mit dem restlichen Teig genauso verfahren. Gebackene Pfannkuchen auf einer Platte stapeln und im Backofen bei 80° warm halten. Die Pfannkuchen auf Teller verteilen und mit dem Erdbeer-Rhabarber-Kompott servieren.

WEM DAS SCHMECKT, DER MAG AUCH

- die Crêpes auf Seite **136**
- die Pfannkuchensuppe auf Seite **219**

DIE VIER GRÖSSTEN *Rouladen-* GEHEIMNISSE

Du liebst Rouladen, aber wenn du sie selber machst, schmecken sie nie so, wie du es aus deiner Kindheit kennst? Dann solltest du beim nächsten Mal diese Tricks beachten:

1. **Bereite deine Rouladen in einem gusseisernen Bräter zu.**
2. **Fixiere sie nach dem Aufrollen mit Rouladennadeln** statt mit Küchengarn oder Holzspießen.
3. **Beachte:** Die Flüssigkeit im Bräter darf nicht sprudeln, nur schmurgeln.
4. **Koche mit einer Extraportion Liebe** – so wie Mutti!

Muttis Rouladen-Gebote

WEM DAS SCHMECKT, DER MAG AUCH

- die Kohlrouladen auf Seite **77**
- den Rinderbraten auf Seite **223**

Adriane, Lektorin

In internationalen Reise-Guides landet die Roulade als »The Taste of Germany« stets in den Top Ten der besten deutschen Gerichte.

5

RINDERROULADEN

DAS ULTIMATIVE LIEBLINGSREZEPT VON OMA: RINDERROULADEN MIT SPECK-GURKEN-FÜLLUNG

FÜR 6 PERSONEN
ZUBEREITUNGSZEIT CA. 40 MIN.
GARZEIT 1 STD. 30 MIN.
PRO PORTION CA. 505 KCAL

ZUTATEN

6 Scheiben Rinderroulade (je ca. 180 g)
2 1/2 EL Dijon-Senf
Salz | Pfeffer
3 dicke Scheiben magerer Räucherspeck (100 g)
3 Zwiebeln
100 g Essiggurken (aus dem Glas)
3 EL Mehl
1 große Möhre
150 g Knollensellerie
1/2 Stange Lauch
6 EL Sonnenblumenöl
100 ml Rotwein (ersatzweise Rinderbrühe)
400 ml Rinderbrühe oder -fond (Instant oder aus dem Glas)

AUSSERDEM

Holzspieße oder Rouladennadeln

1. Die Rouladen zwischen zwei Blättern Frischhaltefolie mit dem Fleischklopfer dünn und flach klopfen (geht auch mit dem Nudelholz). Gleichmäßig mit dem Senf bestreichen, salzen und pfeffern.

2. Den Speck quer in feine Streifen schneiden. Die Zwiebeln schälen und längs halbieren. 1 Zwiebel längs in schmale Streifen schneiden, den Rest fein würfeln. Die Essiggurken der Länge nach in dünne Stifte schneiden. Gurkenstifte sowie Speck- und Zwiebelstückchen quer über die gesamte Länge der Rouladenstücke verteilen, dann die Rouladen so eng und gleichmäßig wie möglich aufrollen und mit Spießchen oder Rouladennadeln feststecken. Die Rouladen salzen und pfeffern und rundum mit Mehl bestäuben, überschüssiges Mehl abklopfen.

3. Möhre und Sellerie schälen und klein würfeln. Lauch waschen, putzen und in Ringe schneiden. 3 EL Öl in einem Bräter oder breiten Topf erhitzen, die Rouladen darin rundherum bei starker Hitze 2 Min. anbraten, herausnehmen.

4. Das übrige Öl in den Bräter geben. Die Zwiebelwürfel darin bei mittlerer Hitze anbraten. Das Gemüse dazugeben und weitere 4–5 Min. unter Rühren dünsten. Dann alles mit der Hälfte des Rotweins ablöschen. Sobald der Wein verdampft ist, den Rest zugießen und ebenfalls verdampfen lassen. Nun die Brühe dazugießen, alles mit Salz und Pfeffer würzen. Die Rouladen in den Topf legen und zugedeckt bei schwacher Hitze in 1 Std. 30 Min. garen, dabei mehrmals wenden.

5. Die fertigen Rouladen aus dem Topf nehmen und zugedeckt warm halten. Die Sauce bei starker Hitze 2–3 Min. einkochen, dann durch ein Sieb streichen. Die Rouladen in die Sauce legen und darin wieder heiß werden lassen.

WENN'S WIE FRÜHER SCHMECKEN SOLL

Rouladen machen schon ein bisschen Arbeit: das Fleisch schön dünn klopfen und zusammen mit dem Belag gleichmäßig aufrollen! Darum zum Üben am besten gleich ein paar mehr machen – für den nächsten Tag. Und das wusste schon die Großmama: Aufgewärmt schmecken Rouladen noch besser!

6

KNÖDEL

OB AUS SEMMELN ODER KARTOFFELN – ZU BRATENSAUCE GEHÖREN SIE EINFACH DAZU

SEMMELKNÖDEL

FÜR 8 STÜCK
ZUBEREITUNGSZEIT CA. 35 MIN.
GARZEIT 25 MIN.
PRO STÜCK CA. 165 KCAL

ZUTATEN
150 ml Milch (3,5 % Fett)
300 g fertig geschnittenes Knödelbrot (gibt's beim Bäcker oder im Supermarkt, ersatzweise altbackene Semmeln in Scheiben schneiden)
1 große Zwiebel
4–6 Stängel glatte Petersilie
2 EL Butter
4 Eier (Größe M)
Salz | Pfeffer
frisch geriebene Muskatnuss
1/2 Bund Schnittlauch

1. Milch lauwarm erhitzen. Knödelbrot in einer Schüssel mit der Milch übergießen, 5 Min. ziehen lassen. Zwiebel schälen und fein würfeln. Petersilie abbrausen, trocken schütteln und grob hacken. Butter in einer Pfanne schmelzen, darin die Zwiebel in 3 Min. glasig dünsten, dann Petersilie unterrühren.

2. Die Eier verquirlen und zusammen mit der Zwiebelmischung zum Knödelbrot geben. Mit Salz, Pfeffer und Muskat würzen, kräftig durchmischen und 10 Min. ziehen lassen. Dann die Masse achteln und jede Portion mit angefeuchteten Händen zu Knödeln formen. Ist die Masse noch zu feucht, einfach 1–2 EL Semmelbrösel einrühren.

3. In einem großen Topf reichlich Wasser aufkochen und salzen. Die Knödel ins Wasser geben und ca. 5 Min. kochen, dann den Deckel auflegen und die Knödel bei geringer Hitze ca. 20 Min. nur noch sanft ziehen lassen.

4. Den Schnittlauch abbrausen, trocken schütteln und in Röllchen schneiden. Die Knödel mit einem Schaumlöffel aus dem Wasser heben, in einer Schüssel oder auf Tellern anrichten und mit dem Schnittlauch bestreuen.

KARTOFFEL-KLÖSSE

FÜR 8 STÜCK
ZUBEREITUNGSZEIT CA. 50 MIN.
GARZEIT 25 MIN.
PRO STÜCK CA. 265 KCAL

ZUTATEN
2 Scheiben Toastbrot
2 EL Butter
1 kg ausgekühlte Pellkartoffeln (mehligkochende, am besten vom Vortag)
150 g Mehl
150 g Hartweizengrieß
4 Eier (Größe M)
Salz | Pfeffer
frisch geriebene Muskatnuss
3/4 TL getrockneter Majoran

AUSSERDEM
Mehl und Speisestärke zum Arbeiten
Kartoffelpresse

WEM DAS SCHMECKT, DER MAG AUCH

- den Sauerbraten auf Seite **29**
- den Schweinebraten auf Seite **145**

1. Das Toastbrot in ca. 1 cm große Würfel schneiden. Die Butter in einer kleinen beschichteten Pfanne schmelzen. Darin die Brotwürfel unter Rühren knusprig braun braten, dann zum Entfetten auf Küchenpapier geben.

2. Die Kartoffeln pellen und durch eine Kartoffelpresse auf die leicht bemehlte Arbeitsplatte drücken. Mehl und Grieß daraufstreuen, die Eier dazugeben, mit Salz, Pfeffer, Muskat und Majoran würzen. Alles locker zwischen den Handflächen zerreiben, dann mit wenig Druck zusammenkneten.

3. Den Knödelteig in 8 Portionen teilen. Jedes Teigstück mit bemehlten Händen leicht platt drücken, in die Mitte ein paar Brotwürfel geben, Teig darüber schließen und zu einem runden Knödel formen. Hände mit Stärke bestäuben und die Knödel nochmals rollen, so glänzen sie später schön.

4. Reichlich Wasser in einem großen Topf zum Kochen bringen und salzen. Die Hitze reduzieren und die Knödel ins leicht siedende Wasser gleiten lassen. Bei kleiner Hitze offen garen, bis sie an die Oberfläche steigen, dann in weiteren 20–25 Min. fertig garen. Die Knödel mit einem Schaumlöffel aus dem Wasser heben, abtropfen lassen und servieren.

DIE TOP-5-TIPPS FÜR DAS BESTE *Steak* DER WELT

1. **Kaufe kein Steak für unter 20 Euro pro Kilo.** Gute Fleischqualität hat ihren Preis! Das teuerste Steak der Welt stammt aktuell übrigens vom japanischen Kobe-Wagyu-Rind.
2. **Das perfekte Steak** sollte eine schöne Fettmaserung haben.
3. **Drei bis fünf Zentimeter** sind die ideale Dicke für ein Steak.
4. **Steak nur in einer richtig heißen Pfanne** anbraten, sonst köchelt es im eigenen Saft, wird zäh und trocken.
5. **Fleisch salzen,** unmittelbar bevor es in die Pfanne kommt. Pfeffern aber erst, wenn die Röstphase abgeschlossen ist.

Meat Love

WEM DAS SCHMECKT, DER MAG AUCH

- die gegrillten Nackensteaks auf Seite **44**
- die Schweinefilets auf Seite **155**

Christina, kuechengoetter.de

Pro Monat wird in Deutschland über 10.000 Mal bei Google nach »Steak braten« gesucht.

7

STEAK

UNSERE EMPFEHLUNG: RUMPSTEAKS MIT WÜRZIGER CHILI-SALSA

FÜR 4 PERSONEN
ZUBEREITUNGSZEIT CA. 35 MIN.
BRATZEIT 10 MIN.
PRO PORTION CA. 400 KCAL

ZUTATEN

FÜR DIE STEAKS
4 Rumpsteaks (je ca. 200 g, ca. 3 cm dick)
1-2 EL Kokosöl
2 EL neutrales Pflanzenöl
Salz | Pfeffer

FÜR DIE SALSA
50 g Schalotten
1–2 Knoblauchzehen
1 EL milder Weißweinessig
100 g süßsauer eingelegter Kürbis (aus dem Glas)
1 Stück frischer Ingwer (ca. 2 cm)
2 frische mittelscharfe rote Chilischoten
2 EL Ahornsirup
1 EL brauner Rübensirup
Salz | Pfeffer
1/4 TL gemahlener Piment

AUSSERDEM
Grillpfanne

1. Die Steaks ca. 30 Min. vor der Zubereitung aus dem Kühlschrank nehmen. Den Fettrand alle 3 cm einschneiden, dabei aber nicht bis ins Fleisch schneiden. Die Steaks beidseitig dünn mit Kokosöl bestreichen und dieses leicht einmassieren. Dann die Steaks zugedeckt beiseitestellen.

2. Für die Chili-Salsa Schalotten und Knoblauch schälen und grob hacken. Beides in einem kleinen Topf mit dem Essig aufkochen, vom Herd nehmen und 5 Min. ziehen lassen. Kürbis abtropfen lassen. Den Ingwer schälen und klein würfeln. Die Chilischoten entstielen und längs aufschlitzen, Samen und helle Trennwände entfernen. Die Schoten waschen und grob hacken.

3. Alle Salsa-Zutaten zusammen mit dem Ahorn- und Rübensirup im Mixer nicht zu fein pürieren, bei Bedarf etwas Kürbissud dazugießen. Die Salsa mit Salz, Pfeffer und Piment abschmecken, in Schälchen füllen.

4. Die Grillpfanne heiß werden lassen und den Rost leicht einölen. Die Rumpsteaks in die Pfanne legen und bei starker Hitze pro Seite in 4 Min. blutig, in 6–8 Min. medium oder in 10 Min. well done braten, beim Wenden salzen und pfeffern. Danach den Herd ausstellen und die Steaks noch mindestens 5 Min. nachziehen lassen. Mit der Salsa servieren.

5. Dazu schmecken nicht nur die Pommes frites von Seite 25, sondern auch ein Salat, zum Beispiel einer der bunten Salate auf den Seiten 84 und 85.

VARIANTE: STEAKS MIT GORGONZOLA-BUTTER

Die Rumpsteaks wie oben beschrieben vorbereiten. Anschließend 75 g Gorgonzola mit 60 g weicher Butter mit einer Gabel zerdrücken und mit den Quirlen des Handrührgeräts schön cremig rühren. 2 EL Cognac untermischen und mit Salz, Pfeffer und 1 Prise Cayennepfeffer abschmecken. Steaks in der Pfanne braten, auf Teller geben und die Gorgonzolabutter darauf schmelzen.

8

POMMES MIT KETCHUP UND MAYO

AM ALLERBESTEN, WENN MAN ALLES SELBST GEMACHT HAT!

FÜR 2 PERSONEN
ZUBEREITUNGSZEIT
CA. 1 STD. 20 MIN.
PRO PORTION CA. 910 KCAL

ZUTATEN

FÜR DEN KETCHUP
2 schwarze Pfefferkörner
2 kleine Pimentkörner
1 Schalotte | 1 Knoblauchzehe
1 EL Olivenöl
250 g pürierte Tomaten (Fertigprodukt)
3 EL Ananassaft
2 EL brauner Zucker
1 1/2 EL Rotweinessig | Salz

FÜR DIE MAYONNAISE
1 zimmerwarmes frisches Eigelb (Größe M oder L)
Salz | Pfeffer
1 TL zimmerwarmer Dijon-Senf
1 Msp. gemahlene Kurkuma
knapp 100 ml zimmerwarmes neutrales Pflanzenöl oder mildes Sonnenblumenöl
1/2–1 EL Limettensaft
1–2 EL Joghurt (3,5 % Fett)

FÜR DIE POMMES FRITES
600 g vorwiegend fest- bis mehligkochende Kartoffeln (am besten Bintje oder Agria)
1 l neutrales Pflanzenöl zum Frittieren
1 EL feines Meersalz
1/2 TL rosenscharfes Paprikapulver
1 Prise Currypulver (nach Belieben)

1. Für den Ketchup die Pfefferkörner grob zerkleinern und zusammen mit den Pimentkörnern in einem Mörser fein zerstoßen. Schalotte und Knoblauch schälen und sehr fein hacken. In einem kleinen Topf das Olivenöl erhitzen. Schalotten und Knoblauch darin bei kleiner Hitze in 2–3 Min. glasig dünsten. Die Pfeffer-Piment-Mischung darüberstreuen. Tomatenpüree, Saft, Zucker und Essig darunterrühren. Alles mit Salz würzen, aufkochen und offen bei kleiner Hitze in ca. 20 Min. sämig einkochen, dann beiseitestellen und abkühlen lassen.

2. Für die Mayo das Eigelb mit 1/2 TL Salz, Pfeffer, Senf und Kurkumapulver in einem Rührbecher verrühren. Mit dem elektrischen Handrührgerät zuerst tropfenweise, dann in dünnem Strahl das Öl darunterschlagen, bis eine cremig-feste Mayonnaise entstanden ist, was ein paar Minuten dauern kann. Die Mayo mit Salz, Pfeffer und etwas Limettensaft abschmecken und den Joghurt unterrühren. Mayo bis zum Servieren kühl stellen.

3. Für die Pommes frites die Kartoffeln schälen und längs in 1 cm dicke Stäbchen schneiden. Diese mit Küchenpapier trocken tupfen. Zum Frittieren in einem hochwandigen Topf das Öl nur auf ca. 140° erhitzen. Bläschenprobe machen: An einem ins Öl gehaltenen Holzkochlöffelstiel sollen ganz leicht Dampfbläschen aufsteigen. Die Kartoffelstäbchen im Öl in ca. 3 Portionen 5–6 Min. vorfrittieren, dabei nicht bräunen, sondern nur garen. Dann jeweils mit einem Schaumlöffel herausheben und auf mehreren Lagen Küchenpapier abtropfen und ein wenig abkühlen lassen. Salz, Paprikapulver und nach Belieben Currypulver miteinander vermischen.

4. Nun das Öl auf ca. 180° erhitzen, sodass es beinahe raucht. Die Bläschenprobe machen: An einem eingetauchten Holzkochlöffelstiel sollen viele Bläschen aufsteigen. Vorfrittierte Pommes portionsweise ins heiße Fett geben (Vorsicht, es kann spritzen!) und in je 2–4 Min. goldbraun und knusprig frittieren. Fertige Pommes mit dem Schaumlöffel herausheben und jeweils sehr gut abtropfen lassen, dann in eine vorgewärmte Schüssel geben. Sind alle Pommes fertig, diese mit dem Gewürzsalz mischen. Sofort mit Mayo und Ketchup servieren.

WENN FREUNDE KOMMEN

Man kann die Pommes auch vorfrittieren und dann längere Zeit zum Auskühlen stehen lassen. Dann erst direkt vor dem Servieren für 4–5 Min. ins knallheiße Fett werfen – spart Zeit und schmeckt genauso gut.

9

PASTA MIT PESTO

DIE DREI BELIEBTESTEN NUDELSAUCEN AUS ITALIEN

TOMATENPESTO

FÜR 8 PORTIONEN
ZUBEREITUNGSZEIT CA. 15 MIN.
PRO PORTION CA. 290 KCAL

ZUTATEN
100 g getrocknete Tomaten (in Öl)
2 Knoblauchzehen (nach Belieben)
1/2 Bund Basilikum
50 g Pinienkerne
5 EL Olivenöl
2 EL frisch geriebener Parmesan oder Grana Padano
Salz | Pfeffer

AUSSERDEM
1 Schraubglas (ca. 200 ml)
Öl zum Bedecken

1. Die Tomaten abtropfen lassen und in feine Würfel schneiden. Den Knoblauch, falls verwendet, schälen und hacken. Das Basilikum waschen und trocken schütteln, die Blätter abzupfen und grob hacken.

2. Die Tomaten zusammen mit Basilikum, Pinienkernen, Olivenöl und Knoblauch fein pürieren. Den Käse darunterrühren und das Pesto mit Salz und Pfeffer abschmecken.

3. Zum Aufbewahren das Pesto in ein sauberes Schraubglas füllen, mit einer Schicht Olivenöl bedecken und kühl stellen. So ist das Pesto 4 Wochen haltbar.

PASTA KOCHEN

Für 4 Personen 500 g Nudeln nach Packungsangabe in reichlich kochendem Salzwasser bissfest garen, dann in ein Sieb abgießen; dabei 1 Tasse Kochwasser auffangen. Die Nudeln mit dem Pesto und gerade so viel Kochwasser verrühren, dass das Pesto leicht flüssig wird und sich gut mit den Nudeln vermengen lässt.

PESTO ALL' ARRABBIATA & BASILIKUMPESTO

FÜR JE 4 PORTIONEN
ZUBEREITUNGSZEIT
JE CA. 20 MIN.
PRO PORTION CA. 545 KCAL
BZW. 335 KCAL

ZUTATEN

FÜR PESTO ALL'ARRABBIATA
3 Knoblauchzehen | 1 Zwiebel
2 EL Butter | 1 TL Chiliflocken
1–2 TL Zucker
1 Dose stückige Tomaten
(240 g Abtropfgewicht)
1 EL TK-Petersilie
2 TL Kapern (aus dem Glas)
Salz | Pfeffer

FÜR DAS BASILIKUMPESTO
1 Bund Basilikum
2 Knoblauchzehen
70 g geriebener Parmesan
oder Grana Padano
2 EL Haselnusskerne
100 ml Olivenöl | Salz | Pfeffer
ca. 1 EL Zitronensaft | 70 g Rucola

AUSSERDEM
Pürierstab

WEM DAS SCHMECKT, DER MAG AUCH

- die Nudeln mit Käsesauce auf Seite **113**
- die Nudeln mit Lachs auf Seite **71**

1. Für das **Pesto all'Arrabbiata** Knoblauch schälen und in Scheiben schneiden. Die Zwiebel schälen und fein würfeln. Die Butter in einer Pfanne erhitzen. Die Zwiebel darin anbraten, Knoblauch und Chiliflocken hinzufügen und kurz mitbraten. 1 TL Zucker und Tomaten dazugeben und die Sauce bei schwacher Hitze offen ca. 15 Min. sanft kochen.

2. Petersilie, Kapern und 2 TL Kapernessig in die Sauce geben und diese mit Salz, Pfeffer und Zucker abschmecken. Am besten sofort mit frisch gekochten Spaghetti genießen.

3. Für das **Basilikumpesto** das Basilikum waschen, trocken tupfen, die Blätter abzupfen und in Streifen schneiden. Den Knoblauch schälen und klein schneiden. Basilikum, Käse, Knoblauch, Nüsse und Öl in einen hohen Becher füllen und mit dem Pürierstab fein pürieren. Das Pesto mit Salz, Pfeffer und Zitronensaft würzen.

4. Rucola verlesen, waschen, trocken schleudern, grobe Stiele entfernen und die Blätter fein hacken. Rucola unter das Pesto rühren und dieses 5 Min. ziehen lassen. Frisch gekochte Pasta oder Gnocchi in der Sauce schwenken und mit Basilikumblättern garniert servieren.

10

SAUERBRATEN

EIN FESTTAGSSCHMAUS SÜSSSAUER: RHEINISCHER SAUERBRATEN

FÜR 4 PERSONEN
ZUBEREITUNGSZEIT CA. 30 MIN.
MARINIERZEIT 4 TAGE
GARZEIT 2 STD. 30 MIN.
PRO PORTION CA. 540 KCAL

ZUTATEN
800 g Rinderbraten (Hüfte, Schulter oder Hochrippe ohne Knochen)
1 Zwiebel
1 Bund Suppengrün
250 ml heller Essig
1 EL Pfefferkörner
5 Wacholderbeeren
3 Gewürznelken
1 Lorbeerblatt
Salz | Pfeffer
50 g Butterschmalz
50 g Saucenlebkuchen (ersatzweise dunkle Brotrinde)
50 g Rosinen
1 EL dunkler Rübensirup (ersatzweise Waldhonig)

WEM DAS SCHMECKT, DER MAG AUCH

die Rinderrouladen auf Seite **19**

die Schnitzel mit Sauce auf Seite **38**

1. Das Rindfleisch trocken tupfen, in eine Schüssel legen. Die Zwiebel und das Suppengrün schälen beziehungsweise putzen und grob würfeln. In einen Topf geben, mit dem Essig, den Gewürzen und 1 1/4 l Wasser aufkochen, dann abkühlen lassen. Das Fleisch mit der Marinade übergießen und abgedeckt 3–4 Tage im Kühlschrank ziehen lassen, das Fleisch ab und zu wenden.

2. Das Fleisch aus der Marinade heben, trocken tupfen und mit Salz und Pfeffer würzen. In einem Bräter das Butterschmalz erhitzen. Das Fleisch darin bei mittlerer bis starker Hitze rundum in ca. 15 Min. anbräunen.

3. Das Gemüse mit einem Schaumlöffel aus der Marinade heben und abtropfen lassen, dann zum Fleisch geben und ebenfalls gut anbraten. Mit ca. 375 ml Marinade und 125 ml Wasser ablöschen, den Saucenlebkuchen dazubröckeln. Alles zugedeckt bei schwacher Hitze 2 Std.–2 Std. 30 Min. schmoren, dabei ab und zu weitere Marinade angießen, jeweils verdünnt mit der gleichen Menge Wasser.

4. Kurz vor Ende der Garzeit den Backofen auf 75° vorheizen. Das Fleisch aus der Sauce heben und auf einer Servierplatte im Ofen warm halten.

5. Die Sauce durch ein Sieb streichen, zurück in den Topf geben und aufkochen. Die Rosinen und den Rübensirup dazugeben, aufkochen und mit Salz und Pfeffer abschmecken. Das Fleisch aufschneiden und mit der Sauce übergießen. Dazu Salzkartoffeln oder die Kartoffelklöße von Seite 21 servieren.

TIPPS AUS OMAS REZEPTBUCH

Das Fleisch für Sauerbraten darf nicht zu mager sein, sonst wird der Braten trocken. Und beim Anbraten nicht mit Fett sparen, damit es eine schöne Kruste gibt. Überschüssiges Fett lieber nach dem Anbraten weggießen.

Das allerschrägste Food-Know-how

EINE AUBERGINE IST BLOSS EIN GEMÜSE UND EIN APFEL EINFACH EIN OBST? TJA, WILLKOMMEN IN DER VERRÜCKTEN WELT VON ESSBAREM NAGELLACK, HÜPFENDEN BEEREN UND FOTOS POSTENDEN FEINSCHMECKERN: DIESE FOOD-FACTS SIND TOTAL KURIOS UND ZIEMLICH WITZIG!

Äh … Schneewittchen,

bitte nicht in den Apfel beißen! Wir haben gerade herausgefunden, dass er nicht nur vergiftet, sondern auch noch ein Fake ist. In Wahrheit gehört er nämlich zu den Rosengewächsen und ist gar kein simples Stück Obst. Lass dir also lieber gleich einen Strauß Blumen schenken.

DIE 3 SKURRILSTEN *Food-Erfindungen* DER WELT

1. **Essbarer Nagellack,** der nach Hühnchen schmeckt: entwickelt von einer bekannten Fast-Food-Kette in den USA.
2. **Viereckige Melonen,** die in Japan gezüchtet werden, **um im Supermarktregal Platz zu sparen.**
3. **Stickstoff-Eis,** das von zwei Berlinern in ihrem **Foodtruck bei minus 200 Grad** in drei Minuten hergestellt wird.

DIE COOLSTEN GLÜCKSKEKS-SPRÜCHE

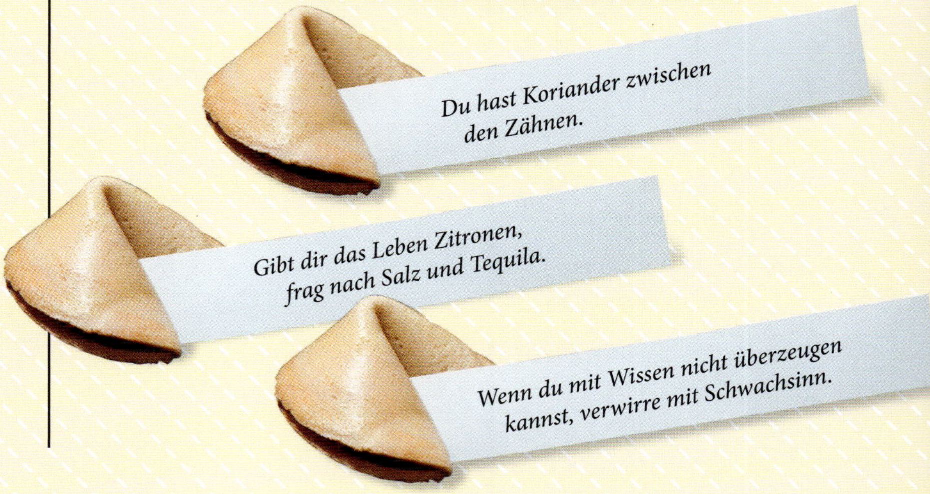

DIE FÜNF BESTEN ZITATE FÜR FOODIES #YUMMY

Happiness is licking the spoon. #FOODADDICT

Life is short. Eat dessert first. #FOODLOVER

The only thing I like better than talking about food is eating. #FOODSHARE

I'm sorry for what I said when I was hungry. #HUNGRY

I love sleep because it's like a time machine to breakfast. #FOODTIME

Früher war alles besser

FRÜHER		HEUTE
als Medizin eingesetzt		als Zuckerfalle enttarnt
als Währung verwendet		als Kalorien-bombe gefürchtet
als Popcorn-macher geschätzt		»Mikrowelle? Ich hab eine Thermo-Küchenmaschine!«

DAS VERRÄT DEIN LIEBSTES FOOD-EMOJI ÜBER DICH

Du bist ein Instagram-Hipster.

Falls du eine Suppe wolltest, dass hier ist eigentlich eine Tasse Tee.

Brauche fettiges Frühstück. Dringend! Muss Kater kurieren.

Achtung, Dirty Talk! Könnte falsch verstanden werden.

Dito!

Meine Mutter hat gesagt, mit Essen spielt man nicht. Aber eine reife Cranberry kann hüpfen wie ein Flummi. Zu verlockend: Das muss ausprobiert werden ...

Sorry, Mama!

WAS DIE DEUTSCHEN VON IHREM *Schnitzel* ERWARTEN

Die Leitsätze der Deutschen Lebensmittelbuch-Kommission schreiben vor: Ein original »Wiener Schnitzel« muss aus Kalbfleisch bestehen – am besten aus der Oberschale – und von einer Panade umhüllt sein. Ein »Schnitzel Wiener Art« darf mit Schwein oder Pute zubereitet werden. Wie genau das genommen wird, wollte die Verbraucherzentrale wissen und führte eine Befragung durch: Erwarten Restaurantbesucher Kalb- oder Schweinefleisch, wenn sie Wiener Schnitzel bestellen?

65 % erwarten bei der Bestellung eines »Wiener Schnitzels« ein **Kalbsschnitzel.**

Für **29,5 %** ist entscheidend, dass die **Tierart** als Zusatz genannt wird.

5,5 % rechnen bei der Bestellung mit einem **Schweineschnitzel.**

Is ja 'ne Schweinerei!

WEM DAS SCHMECKT, DER MAG AUCH

- die Schnitzel mit Sauce auf Seite **38**
- das Cordon bleu auf Seite **101**

Alessandra, GU-Redakteurin

Geheimtipp: Für ein dünnes, extragroßes Schnitzel das Kalbfleisch vom Metzger mit dem Schmetterlingsschnitt aufschneiden lassen.

SCHNITZEL PANIERT

WIENER SCHNITZEL – HIER AUF DIE GANZ KLASSISCHE ART

FÜR 4 PERSONEN
ZUBEREITUNGSZEIT CA. 40 MIN.
PRO PORTION CA. 445 KCAL

ZUTATEN
4 sehr trockene Brötchen (ersatzweise 100 g Semmelbrösel)
4 EL Mehl
Salz | weißer Pfeffer
2 Eier (Größe M)
2 EL Sahne oder Milch
4 dünne Kalbsschnitzel aus der Oberschale (je ca. 150 g)
2 Bio-Zitronen zum Servieren

AUSSERDEM
Gefrierbeutel
ca. 250 g Butter- oder Schweineschmalz zum Braten

1. Von den Brötchen die Rinde abreiben. Dann die Brötchen zu feinen Bröseln zerkleinern – mit einer Haushaltsreibe oder im Blitzhacker. Die Brotbrösel auf einen großen Teller geben. Das Mehl auf einen weiteren Teller geben, mit etwas Salz und Pfeffer würzen. Auf einem dritten (tiefen) Teller die Eier mit der Sahne oder der Milch mit einer Gabel verquirlen.

2. Die Schnitzel trocken tupfen und einzeln in einem Gefrierbeutel oder zwischen zwei Lagen Frischhaltefolie möglichst gleichmäßig flach klopfen, bis sie nur noch ca. 1/2 cm dick sind. Nun die richtige Reihenfolge einhalten: Die Schnitzel zuerst im gewürzten Mehl wenden, dann in den verquirlten Eiern und zuletzt in den Brotbröseln. Die Panade nur leicht andrücken.

3. In zwei Pfannen jeweils ca. 1 cm hoch Butter- oder Schweineschmalz nicht zu stark erhitzen. Die Schnitzel darin von jeder Seite in ca. 2 Min. goldbraun braten. Die Pfanne mehrmals rütteln, damit nichts am Pfannenboden ansetzt.

4. Die fertigen Schnitzel aus der Pfanne heben und auf Küchenpapier entfetten. Die Zitronen heiß waschen, abtrocknen und in Scheiben schneiden. Die Schnitzel heiß mit den Zitronenscheiben anrichten.

ULTIMATIVER BEGLEITER

Traditionell gehört ein **Kartoffel-Gurken-Salat** zum Wiener Schnitzel. Der Klassiker aus Österreich geht beispielsweise so: 800 g festkochende Kartoffeln waschen und in reichlich leicht gesalzenem Wasser in ca. 25 Min. garen. Abgießen und etwas abkühlen lassen, noch warm pellen und in Scheiben schneiden. 2 kleine Salatgurken schälen und in dünne Scheiben hobeln, mit etwas Salz bestreuen, kurz ziehen lassen und dann gut ausdrücken. 1 kleine Zwiebel schälen und sehr fein würfeln, mit 125 ml warmer Fleischbrühe, 3–4 EL Weißweinessig, 6 EL neutralem Pflanzenöl und etwas Salz verrühren. Mit Kartoffeln und Gurken mischen und durchziehen lassen. Vor dem Servieren den Salat mit Salz und Pfeffer abschmecken und mit Schnittlauchröllchen bestreuen.

12

GEMÜSEAUFLAUF

SO SCHÖN BUNT GEFÄLLT ER GROSS UND KLEIN: UNSER KARTOFFEL-GEMÜSE-AUFLAUF

FÜR 2 PERSONEN
ZUBEREITUNGSZEIT CA. 30 MIN.
BACKZEIT 30 MIN.
PRO PORTION CA. 505 KCAL

ZUTATEN

2 Möhren (ca. 200 g)
150 g grüne Bohnen
1 Stange Lauch
2 vorwiegend festkochende Kartoffeln (ca. 200 g)
Salz | 150 g Frischkäse (16 % Fett)
3 EL frisch geriebener Parmesan
4 Eier (Größe M)
2 gehäufte EL Speisestärke
150 ml Milch (3,5 % Fett)
Pfeffer
frisch geriebene Muskatnuss

AUSSERDEM

1 TL Butter für die Form

WEM DAS SCHMECKT, DER MAG AUCH

- die Gemüsepfanne auf Seite **99**
- den Nudelauflauf auf Seite **47**

1. Die Möhren gründlich waschen oder schälen und schräg in ca. 3 mm dicke Scheiben schneiden. Die Bohnen waschen, die Enden entfernen und die Bohnen in ca. 3 cm lange Stücke schneiden. Den Lauch längs einschneiden, gründlich waschen und bis zum hellgrünen Teil in ca. 1 cm dicke Ringe schneiden. Die Kartoffeln schälen und in ca. 1/2 cm große Würfel schneiden.

2. In einem Topf 2 l Wasser aufkochen und 2 TL Salz hinzufügen. Das Gemüse und die Kartoffeln 4 Min. im sprudelnd kochenden Wasser bissfest garen. Dann in ein Sieb abgießen und kurz abtropfen lassen.

3. Den Ofen auf 180° vorheizen, eine kleine Auflaufform der Butter ausstreichen. Das Gemüse in die Form geben. Frischkäse und Parmesan in einer Rührschüssel mit dem Schneebesen verrühren. Nach und nach die Eier dazuschlagen und gut unterrühren. Speisestärke und Milch unterrühren und alles mit Salz, Pfeffer und 1 Prise Muskatnuss würzig abschmecken. Über das Gemüse gießen und den Auflauf im heißen Ofen (Mitte) ca. 30 Min. backen, bis die Oberfläche leicht gebräunt ist.

VARIANTE OHNE VORKOCHEN

Es geht auch mit anderen Gemüsesorten – die kräftigen vorkochen, die zarten nur überbacken, zum Beispiel für einen **Kartoffel-Zucchini-Auflauf.** Dafür den Backofen auf 200° vorheizen. Eine flache Auflaufform mit 1 EL Olivenöl ausstreichen. 2 Zucchini (ca. 300 g) und 3 Strauchtomaten (ca. 200 g) waschen, abtrocknen und in ca. 3 mm dicke Scheiben schneiden, dabei die Stielansätze entfernen. 4–5 Zweige Thymian waschen und trocken schütteln, die Blättchen abstreifen und fein hacken (oder 1 TL getrockneten Thymian verwenden). 4 mittelgroße vorwiegend festkochende Kartoffeln (ca. 300 g) schälen und ebenfalls in ca. 3 mm dicke Scheiben schneiden. 1 Knoblauchzehe schälen, fein hacken und mit 2 EL Olivenöl verrühren. Kartoffel-, Zucchini- und Tomatenscheiben abwechselnd dachziegelartig in die Form legen, mit Salz, Pfeffer und Thymian würzen. Das Knoblauchöl darüberträufeln und 50 g geriebenen Gratinkäse (aus der Kühltheke) darüberstreuen. Den Auflauf im heißen Ofen (Mitte) ca. 45 Min. backen, bis die Kartoffeln weich sind und die Oberfläche schön gebräunt ist.

13

KÄSESPÄTZLE

SIE MACHEN DEFINITIV GUTE LAUNE – UND NICHT NUR IN SCHWABEN

FÜR 2 PERSONEN
ZUBEREITUNGSZEIT CA. 35 MIN.
BACKZEIT 10 MIN.
PRO PORTION CA. 1205 KCAL

ZUTATEN
300 g Mehl | Salz
4 Eier (Größe M)
250 g Zwiebeln
200 g Appenzeller oder Bergkäse
2 EL Butter
Pfeffer
1/2 Bund Schnittlauch

AUSSERDEM
Butter für die Form
Spätzlepresse oder -hobel

WEM DAS SCHMECKT, DER MAG AUCH

- die Nudeln mit Käsesauce auf Seite **113**
- die Spaghetti Carbonara auf Seite **61**

1. In einer Schüssel das Mehl mit 1/2 TL Salz, Eiern und 100 ml kaltem Wasser zu einem glatten Teig verrühren. Diesen ca. 15 Min. ruhen lassen.

2. Inzwischen die Zwiebeln schälen und in Ringe schneiden, den Käse reiben. Eine ofenfeste Form mit etwas Butter fetten. In einem großen Topf reichlich Wasser aufkochen und salzen.

3. In einer kleinen Pfanne die Butter zerlassen, die Zwiebelringe darin bei kleiner Hitze in ca. 10 Min. glasig und goldgelb, aber nicht braun werden lassen.

4. Den Teig durch eine Spätzlepresse oder mit einem Spätzlehobel portionsweise ins kochende Wasser geben. Sobald sie an die Oberfläche steigen, die Spätzle mit einem Schaumlöffel herausnehmen und in einem Sieb abtropfen lassen. Auf diese Weise den ganzen Teig verarbeiten.

5. Den Backofen auf 150° vorheizen. Die Spätzle, die Zwiebelringe und den Käse abwechselnd in die Form schichten, jede Lage pfeffern und alles im heißen Backofen (Mitte) ca. 10 Min. backen, bis der Käse geschmolzen ist.

6. Inzwischen den Schnittlauch waschen, trocken schütteln und in Röllchen schneiden. Die fertigen Käsespätzle damit bestreuen und sofort servieren. Dazu schmeckt ein frischer Blattsalat, zum Beispiel die Salate auf Seite 84 und 85.

BUTTERSPÄTZLE ALS BEILAGE

Dafür brauchst du als Zutaten einfach nur Mehl, Salz und Eier. Damit bereitest du die Spätzle wie in Step 1 und 4 beschrieben zu. Den Backofen auf 100° einstellen, die Spätzle in eine Schüssel geben, 1–2 EL Butter darauf verteilen und bis zum Servieren im Ofen warm stellen.

14

SCHNITZEL MIT SAUCE

GEHT BLITZSCHNELL UND SCHMECKT IMMER: KURZGEBRATENES FLEISCH MIT SAUCE

SCHNITZEL IN WEISSWEIN-SAUCE

FÜR 2 PERSONEN
ZUBEREITUNGSZEIT CA. 15 MIN.
PRO PORTION CA. 325 KCAL

ZUTATEN
1 Schalotte
2 Schnitzel (Kalb- oder Putenfleisch, je ca. 140 g)
Salz | Pfeffer
100 ml Weißwein oder Gemüsebrühe (Instant)
2 EL neutrales Pflanzenöl
2 EL Crème fraîche

1. Die Schalotte schälen und in sehr feine Würfel schneiden. Die Schnitzel mit Küchenpapier trocken tupfen und auf beiden Seiten mit je 1 Prise Salz und Pfeffer würzen. Den Weißwein beziehungsweise die Gemüsebrühe bereitstellen.

2. Eine Pfanne ca. 1 Min. auf mittlerer Stufe erhitzen. Das Öl hineingeben und in ca. 1/2 Min. heiß werden lassen. Die Schnitzel nebeneinander einlegen, das Öl muss gleich leicht zu brutzeln beginnen. Die Schnitzel ca. 2 Min. bei mittlerer Hitze braten, bis der Rand schön braun ist (die Röststoffe verleihen dem Fleisch ein gutes Aroma).

3. Die Schnitzel wenden; am besten mit einer Zange statt mit einer Gabel. Auf der anderen Seite ebenfalls 2 Min. braten, herausheben auf einen Teller legen und zudecken.

4. Schalottenwürfel in die Pfanne geben und 1 Min. im Bratensatz anbraten. Mit dem Wein oder der Brühe ablöschen, d. h. die Flüssigkeit dazugeben und sprudelnd aufkochen. Die Crème fraîche dazugeben, ca. 2 Min. einrühren und mit Salz und Pfeffer nachwürzen. Die Schnitzel zur Sauce geben und zugedeckt bei kleinster Hitze noch etwas ziehen lassen, bis die Beilagen fertig sind.

ZITRONEN-SCHNITZELCHEN

FÜR 2 PERSONEN
ZUBEREITUNGSZEIT CA. 20 MIN.
PRO PORTION CA. 330 KCAL

ZUTATEN
1–2 Zweige Rosmarin
50 g Butter
30 g Mehl
4–6 kleine Kalbsschnitzel (zusammen ca. 250 g)
frisch gepresster Saft von 1 Zitrone
Salz | Pfeffer

WEM DAS SCHMECKT, DER MAG AUCH

- das Geschnetzelte auf Seite **195**
- das Cordon bleu auf Seite **101**

1. Die Rosmarinzweige abbrausen und trocken schütteln, die Nadeln abstreifen. Die Butter in einer großen Pfanne zerlassen. Das Mehl gleichmäßig hineinstäuben und bei mittlerer Hitze anschwitzen. Es sollte eine eher flüssige Mehlschwitze entstehen.

2. Die Kalbsschnitzel in die Pfanne legen, die Rosmarinnadeln darüberstreuen, die Schnitzel wenden und mit dem Zitronensaft ablöschen. Bei sehr geringer Hitze ca. 3–4 Min. schmoren, dabei mehrfach wenden. Mit Salz und Pfeffer würzen. Mit Weißbrot servieren.

WIE ES EUCH GEFÄLLT

In Italien heißen die Schnitzelchen Scaloppine und kommen in immer wieder neuen Variationen auf den Tisch – mit Salbei und rohem Schinken, anstelle von Zitronensaft mit Marsala oder auch Vino bianco abgelöscht, mit glatter Petersilie, wildem Fenchel oder Thymian gewürzt. In jedem Fall aber sind frische Kräuter wichtig!
Die Geschmacksintensität von Kräutern hängt unter anderem davon ab, wie viel Sonne sie abbekommen. Deshalb lohnen sich auf jeden Fall ein kleines Kräuterbeet im Garten, Töpfe auf dem Balkon oder der Kräuterkasten am Fenster.

DIE VERBLÜFFENDSTEN FAKTEN ÜBER *Koriander*

Was in der Thai-Küche schlicht und einfach dazugehört, verwandelt hierzulande ein Curry für manch einen in eine Seifenlauge. Forscher fanden heraus: Je nachdem, welche Gene der Mensch besitzt, schmeckt Koriander mehr oder weniger stark nach Seife. Die gute Nachricht: Die Forscher sind der Meinung, dass sich auch angeborene Korianderhasser an den Geschmack gewöhnen können. Besser wär's, denn das Kraut heilt jede Menge Beschwerden:

- **Kuriert Magen-Darm-Störungen.**
- **Hilft gegen Mundgeruch.**
- **Hält den Blutzuckerspiegel stabil.**
- **Lindert Angst und Stress.**

Koriander – ja oder nein?

WEM DAS SCHMECKT, DER MAG AUCH

das Curry indische Art auf Seite **135**

die Sushi auf Seite **63**

Verena, GU-Redakteurin

Die thailändische Küche ist eine der beliebtesten Länderküchen der Welt, unser KüchenRatgeber zum Thema ein echter Bestseller!

15

THAI-CURRY

DIE KOKOSMILCH MACHT ES SO SUPERLECKER: ROTES THAI-CURRY MIT HÄHNCHEN

FÜR 4 PERSONEN
ZUBEREITUNGSZEIT CA. 50 MIN.
PRO PORTION CA. 395 KCAL

ZUTATEN
150 g kleine feste Champignons
1 Bund Frühlingszwiebeln
250 g Thai-Auberginen (aus dem Asienladen)
250 g schmale feste Zucchini
1/2 rote Paprikaschote
1 frische rote Chilischote
1 Bund Koriandergrün
500 g Hähnchenbrustfilet
1 Dose Kokosmilch (400 ml, ungeschüttelt)
1–2 EL rote Thai-Currypaste (aus dem Asienladen)
Salz
1/2–1 TL Fischsauce (aus dem Asienladen)
1 TL Palmzucker (aus dem Asienladen)

AUSSERDEM
Wok (ersatzweise hohe Pfanne)

1. Die Pilze putzen und halbieren oder vierteln. Die Frühlingszwiebeln putzen und waschen, das Weiße in Stücke, das Grüne in Röllchen schneiden. Die Auberginen und Zucchini putzen und waschen, die Auberginen in Spalten schneiden, die Zucchini in 1 cm große Würfel schneiden. Die Paprikahälfte waschen, vierteln und putzen, die Viertel dünn schälen und in Streifen schneiden.

2. Die Chili waschen und in Ringe schneiden, dabei entkernen. Koriandergrün waschen, trocken tupfen, grob hacken. Chili und Koriandergrün beiseitestellen.

3. Das Fleisch waschen, trocken tupfen und in 2 cm große Würfel schneiden. Von der Kokosmilch 4 EL dicke Creme abnehmen und im Wok aufkochen. Currypaste dazugeben und ca. 3 Min. anbraten, bis es duftet und Öl an der Oberfläche austritt. Noch 3 EL Kokoscreme unterrühren und das Fleisch darin ca. 2 Min. anbraten.

4. Übrige Kokoscreme, Kokosmilch und 1/2 TL Salz dazugeben und ca. 3 Min. sanft kochen. Das Gemüse, die Pilze und die weißen Frühlingszwiebelstücke hinzufügen und unter Rühren 4–5 Min. sanft kochen, bis das Fleisch zart und das Gemüse bissfest ist. Mit Fischsauce und Palmzucker würzen, mit grünen Frühlingszwiebeln, Koriander und Chili servieren. Dazu passt Duftreis.

VARIANTE: THAI-CURRY MIT GARNELEN UND FISCH

Lass die Hähnchenbrust, die Pilze und die Auberginen weg und nimm stattdessen 200 g weißes Fischfilet (zum Beispiel Seelachs oder Kabeljau) und 250 g küchenfertige, geschälte Garnelen, außerdem statt der roten 2 EL grüne Currypaste. Frühlingszwiebeln, Zucchini, Paprika, Chili und Koriandergrün wie oben in den Steps 1 und 2 beschrieben vorbereiten. Das Fischfilet in mundgerechte Stücke schneiden. Von der Kokosmilch 4 EL dicke Creme abnehmen, im Wok aufkochen, Currypaste dazugeben und ca. 3 Min. anbraten. Das Gemüse und die übrige Kokosmilch dazugeben und ca. 8 Min. köcheln lassen. Dann den Fisch und die Garnelen in das Curry geben und bei schwacher Hitze in einigen Minuten gar ziehen lassen. Mit Palmzucker und Fischsauce würzen und mit Koriander und Chili servieren.

16

GULASCH

MIT EIN BISSCHEN GEDULD WIRD ES SAFTIG UND UNWIDERSTEHLICH LECKER

FÜR 4 PERSONEN
ZUBEREITUNGSZEIT CA. 40 MIN.
GARZEIT 2 STD
PRO PORTION CA. 360 KCAL

ZUTATEN
600 g Rindfleisch (aus der Wade oder Schulter)
500 g Zwiebeln
4 Knoblauchzehen
1 TL Kümmelsamen
2 EL Butterschmalz
2 EL edelsüßes Paprikapulver
3/4 TL rosenscharfes Paprikapulver
1 TL Tomatenmark
2 EL Rotweinessig
Salz | Pfeffer
800 ml Rinderbrühe (Instant oder aus dem Glas)

1. Das Rindfleisch in 1–2 cm große Würfel schneiden. Die Zwiebeln und den Knoblauch schälen. Die Zwiebeln halbieren und in dünne Scheiben schneiden. Anschließend Knoblauch und Kümmel fein hacken.

2. Das Schmalz in einem schweren Topf erhitzen. Die Zwiebeln darin bei starker Hitze unter häufigem Rühren in ca. 5 Min. goldbraun braten. Den Knoblauch mit Kümmel, Paprikapulver und Tomatenmark unterrühren. Mit dem Essig ablöschen.

3. Das Fleisch in den Topf geben, mit Salz und Pfeffer würzen und bei schwacher Hitze ca. 2 Std. schmoren, dabei den Deckel einen kleinen Spalt offen lassen. Die Brühe in einen Topf geben und aufkochen. Immer wieder etwas Brühe zum Fleisch geben und ca. 30 Min. vor Garzeitende die restliche Brühe dazugießen.

4. Zum Gulasch schmecken natürlich je nach Belieben Salzkartoffeln, Semmelknödel oder Kartoffelklöße (s. Seite 20 und 21).

VARIANTE: GULASCHSUPPE MIT KARTOFFELN

Wer das Gulasch lieber als Suppe isst, nimmt etwas mehr Rinderbrühe, nämlich 1,2 l, und gibt die Kartoffeln gleich mit hinein. Dafür 300 g vorwiegend festkochende Kartoffeln schälen, waschen und in Würfel schneiden. 30 Min. vor Garzeitende mit der übrigen Brühe zum Gulasch geben. 1 Bio-Zitrone heiß waschen, abtrocknen und die Schale fein abreiben. 3 Stängel Majoran waschen und trocken schütteln, die Blätter abzupfen, hacken und kurz vor dem Servieren zusammen mit der Zitronenschale unter die Suppe rühren. Die Suppe mit Salz und Pfeffer abschmecken und auf tiefe Teller verteilen.

WEM DAS SCHMECKT, DER MAG AUCH

- den Sauerbraten auf Seite **29**
- die Rinderrouladen auf Seite **19**

DAS FLEISCH MACHT'S

Die Rinderwade eignet sich perfekt für ein Gulasch. Das muskulöse Fleisch ist marmoriert, also mit Sehnen und Fett durchzogen, sodass das Fleisch beim Schmoren saftig bleibt. Wem die Wade zu durchwachsen ist, nimmt stattdessen ein Stück aus der Rinderschulter.
Gulasch kann man bestens auch in größeren Mengen zubereiten und dann alles, was nicht gleich gegessen wird, für den Vorrat ausgekühlt in Gefrierboxen oder -beuteln in das Tiefkühlfach stecken.

17

GRILLEN

MIT DER FAMILIE ODER FREUNDEN IM SOMMER GRILLEN – DAS LIEBEN JUNG UND ALT

NACKENSTEAKS VOM GRILL

FÜR 4–6 PERSONEN
ZUBEREITUNGSZEIT CA. 30 MIN.
MARINIERZEIT 2 STD.
PRO PORTION CA. 370 KCAL
(BEI 6 PERSONEN)

ZUTATEN
3 Zweige Rosmarin
2 Knoblauchzehen
4 EL Olivenöl
1 TL getrockneter Oregano
2 Bio-Zitronen
8 Schweinenackensteaks
(je ca. 120 g)
Pfeffer | Salz

AUSSERDEM
Öl zum Grillen

1. Den Rosmarin waschen und trocken schütteln, die Nadeln abstreifen und fein hacken. Den Knoblauch schälen und durchpressen oder fein hacken. Beides mit dem Öl und dem getrockneten Oregano verrühren. Die Zitronen heiß abwaschen, abtrocknen und in dünne Scheiben schneiden.

2. Die Steaks trocken tupfen, kräftig pfeffern und in dem Würzöl wenden. Mit den Zitronenscheiben im Wechsel in eine große Schüssel schichten und mindestens 2 Std. zugedeckt im Kühlschrank durchziehen lassen.

3. Inzwischen den Grill anheizen und den Grillrost einölen. Die Zitronenscheiben entfernen und wegwerfen, die Steaks mit Küchenpapier abtupfen und von jeder Seite 4–5 Min. grillen, mit einer Zange wenden. Vor dem Servieren salzen.

VARIANTEN FÜR MARINADEN

Es geht auch ohne frische Kräuter: Einfach das Öl mit dem durchgepressten Knoblauch und 1 EL getrockneten Kräutern der Provence (gibt's als fertige Mischung im Gewürzregal) verrühren. Ebenfalls lecker: Je 1 TL Kreuzkümmelsamen und Korianderkörner im Mörser grob zerstoßen und mit dem Knoblauch unter das Öl rühren.

GRILLGEMÜSE MIT SCHNITT-LAUCHDIP

FÜR 4–6 PERSONEN
ZUBEREITUNGSZEIT CA. 1 STD.
PRO PORTION CA. 195 KCAL
(BEI 6 PERSONEN)

ZUTATEN

FÜR DAS GEMÜSE
2 Zucchini
2–3 Rispen Kirschtomaten (ca. 250 g)
4 EL Olivenöl
1 TL getrockneter Thymian
1 Knoblauchzehe

FÜR DIE KARTOFFELN
4–6 große mehligkochende Kartoffeln (je ca. 300 g)
1–2 EL Olivenöl | Salz

FÜR DEN DIP
100 g Joghurt (3,5 % Fett)
100 g Schmand (24 % Fett)
1 EL Zitronensaft
1 EL Olivenöl
Salz | Pfeffer | Zucker
1 Bund Schnittlauch

AUSSERDEM
Alu-Grillschalen
Alufolie

WEM DAS SCHMECKT, DER MAG AUCH

das Ofengemüse auf Seite **164**

das Steak auf Seite **23**

1. Die Zucchini waschen und schräg in ca. 1/2 cm dicke Scheiben schneiden. Die Tomatenrispen vorsichtig waschen, abtropfen lassen und in 4–6 kleinere Rispen teilen. Für das Würzöl das Öl mit dem Thymian verrühren, den Knoblauch schälen und dazupressen oder fein hacken und unterrühren.

2. Die Kartoffeln waschen und abtrocknen. Rundherum einige Male mit einer Gabel einstechen und mit etwas Öl einreiben. Jede Kartoffel in ein Stück Alufolie wickeln, in die Grillglut legen und ca. 45 Min. garen.

3. Für den Dip Joghurt und Schmand mit dem Zitronensaft, dem Öl und je 1 Prise Salz, Pfeffer und Zucker verrühren. Den Schnittlauch waschen, trocken schütteln und in feine Röllchen schneiden, diese unterrühren.

4. Ca. 15 Min. bevor die Kartoffeln fertig sind, die Alu-Grillschalen mit etwas Würzöl einstreichen und das Gemüse darin verteilen. Die Schalen eher an den Rand des Grills stellen und das Gemüse mit dem Würzöl bestreichen. 10–12 Min. grillen, dabei gelegentlich wenden. Die Kartoffeln aus dem Feuer holen, die Alufolie öffnen, die Kartoffeln aufbrechen und etwas von dem Schnittlauchdip daraufsetzen.

18

NUDELAUFLAUF

SEELENFUTTER FÜR JEDES ALTER: NUDELAUFLAUF MIT KÄSE UND GEMÜSE

FÜR 2 PERSONEN
ZUBEREITUNGSZEIT CA. 35 MIN.
BACKZEIT 30 MIN.
PRO PORTION CA. 730 KCAL

ZUTATEN
Salz | 1 Möhre
1 Mini-Brokkoli (ca. 80 g)
2 Frühlingszwiebeln
150 g kurze Nudeln (z. B. kurze Makkaroni, Spirelli oder Farfalle)
4 getrocknete Tomaten (in Öl)
2–3 Stängel Basilikum
100 g geriebener Emmentaler
1 Ei (Größe S oder M)
100 g Crème fraîche
1 Knoblauchzehe
frisch geriebene Muskatnuss
1/2 TL grüner Pfeffer (aus dem Glas)

AUSSERDEM
Butter für die Form

1. In einem großen Topf reichlich Wasser aufkochen und kräftig salzen. Inzwischen die Möhre schälen, putzen und klein würfeln. Den Brokkoli putzen und waschen. Dann in winzige Röschen teilen, die Stiele in kleine Würfel schneiden. Die Frühlingszwiebeln putzen und waschen, weißen Teil schräg in Stücke schneiden, zartes Grün in feine Ringe schneiden und beiseitelegen.

2. Die Nudeln nach Packungsangabe im sprudelnd kochenden Wasser bissfest garen. Gut 2 Min. vor dem Ende der Nudelgarzeit Möhre, Brokkoli und weiße Frühlingszwiebelstücke mit in den Topf geben. Sofort wieder aufkochen und zugedeckt knapp 2 Min. kochen. Den Backofen auf 200° vorheizen. Zwei kleine oder eine größere Auflaufform mit Butter ausfetten.

3. Gemüse-Nudel-Mischung in einem Sieb eiskalt abschrecken und gut abtropfen lassen. Die getrockneten Tomaten abtropfen lassen und in feine Streifchen schneiden. Das Basilikum kalt abbrausen und trocken schütteln, die Blätter abzupfen.

4. In einer Schüssel die Gemüse-Nudel-Mischung mit gut der Hälfte des Reibekäses sowie mit den getrockneten Tomaten und den Basilikumblättern mischen. Alles in der Auflaufform verteilen.

5. Das Ei in ein Schüsselchen schlagen und mit der Crème fraîche verquirlen. Den Knoblauch schälen und dazupressen. Die Eiercreme mit 1 kräftigen Prise Muskat, dem Pfeffer und 1 kleinen Prise Salz würzen, dann auf den Nudeln verteilen. Den restlichen Käse darüberstreuen.

6. Den Nudelauflauf im vorgeheizten Ofen (Mitte) in ca. 30 Min. goldbraun backen. Wer eine knusprige Käsekruste genießen möchte, erhöht die Temperatur in den letzten 10 Min. um 20°. Den Nudelauflauf mit dem Frühlingszwiebelgrün bestreuen und sofort servieren.

WEM DAS SCHMECKT, DER MAG AUCH

- den Gemüseauflauf auf Seite **35**
- den Nudelsalat auf Seite **95**

NUR HER MIT DEM LIEBLINGSGEMÜSE!

Beinahe jedes Gemüse macht sich gut in diesem Auflauf, so zum Beispiel zarte grüne Bohnen; diese mindestens 6 Min. zusammen mit den Nudeln kochen. Oder Spargel und Zuckerschoten. Oder anstelle der getrockneten Tomaten frische Cocktailtomaten nehmen, diese vierteln und mit einschichten.

Coole Food-Wörter, die du kennen musst!

BEI »CHLORELLA« DENKST DU AN EINEN HAUSHALTSREINIGER STATT AN EIN SUPERFOOD? KEINE SORGE: WIR HABEN IM DSCHUNGEL DER FOOD-FACHBEGRIFFE DEN DURCHBLICK UND GEBEN UNSER WISSEN GERNE AN DICH WEITER. AB JETZT SPRICHST DU FOODISCH!

DIE 6 WÖRTER, DIE AM *häufigsten falsch* GESCHRIEBEN WERDEN

1. Cappuccino
2. Stracciatella
3. Joghurt
4. Bowle
5. Gelatine
6. Biskuit

3 kuriose Küchenfachwörter erklärt

Einige Fachbegriffe mögen sich vielleicht kompliziert anhören, was dahintersteckt, ist aber total easy. **Arrosieren** meint nichts anderes, als Fleisch mit erhitzter Flüssigkeit zu übergießen – zum Beispiel mit dem eigenen Saft oder flüssiger Butter. Das **Legieren** ist eine Technik, bei der Speisen wie Suppen oder Saucen mit Ei, Sahne oder Mehl gebunden werden. Dass du die Küchenpraxis des **Mazerierens** beherrscht, kannst du behaupten, wenn du Lebensmittel wie Früchte in Alkohol tränkst.

HILFE, WIE WIRD DAS AUSGESPROCHEN?

Latte macchiato = LATTE MAKKIATO

Ciabatta = TSCHABATTA

Worcestersauce = WUUSTERSOSSE

Gnocchi = NJOKKI

Caipirinha = KAIPIRINJA

Granola. Was ist das denn bitte? Ehrlich gesagt: einfach nur ein cooleres Wort für selbst gemachtes Knuspermüsli. Getreide, Nüsse, Kerne und Gewürze werden mit Öl und Honig vermengt, im Ofen knusprig gebacken und für den Vorrat verstaut. Das Ergebnis ist viel gesünder als die gezuckerte Fertigvariante.

Sous-vide

Hinter diesem französischen Wort steckt eine Garmethode, bei der die Zutaten in einem Plastikbeutel vakuumiert und anschließend bei niedriger Temperatur im Wasserbad gegart werden. **Sous = unter, vide = Vakuum!** Was es bringt? Extreeem intensiven Geschmack. Darum total im Trend!

DIE 4 SUPERFOODS MIT DEN VERRÜCKTESTEN NAMEN

Goji	**Beere des Gemeinen Bocksdorns**
Chlorella	**Süßwasseralge**
Kale	**Grünkohl**
Matcha	**Grünteepulver**

19

SPINAT MIT SPIEGELEI

UNSER VORSCHLAG: RAHMSPINAT MIT PFIFFERLINGEN UND SPIEGELEI

FÜR 4 PERSONEN
ZUBEREITUNGSZEIT CA. 1 STD.
PRO PORTION CA. 470 KCAL

ZUTATEN
1 kg junger Blattspinat
Salz | 1 Zwiebel
1 große Knoblauchzehe
400 g Pfifferlinge
5 EL Butter
200 g Sahne
Pfeffer
frisch geriebene Muskatnuss
1 Prise Zucker
1 TL Butterschmalz
2 Prisen gemahlener Kümmel
8 Eier (Größe M)

WEM DAS SCHMECKT, DER MAG AUCH

- die Reispfanne mit Lachs und Spinat auf Seite **58**
- die Eier in Senfsauce auf Seite **139**

1. Den Blattspinat gründlich waschen und putzen. Den Spinat in kochendes Salzwasser geben, 3 Min. darin garen, in ein Sieb abgießen, kalt abschrecken. Spinat mit den Händen so lange auspressen, bis keine Flüssigkeit mehr herauskommt. Nach und nach den Spinat in kleinen Portionen in ein schmales hohes Gefäß geben und mit dem Pürierstab fein zerkleinern; so bleibt die grüne Farbe schön leuchtend, und das Zerkleinern würde zudem bei großen Mengen zu lange dauern.

2. Zwiebel und Knoblauch schälen. Zwiebel fein würfeln. Vom Knoblauch 2 dünne Scheiben abschneiden, Rest ebenfalls fein würfeln. Die Pfifferlinge putzen und mit einem feuchten Küchenpapier abreiben, größere Exemplare halbieren.

3. In einem großen breiten Topf 2 EL Butter schmelzen und darin die Zwiebel- und Knoblauchwürfel ca. 2 Min. bei mittlerer Hitze anbraten. Die Sahne dazugießen und aufkochen, mit Salz, Pfeffer und Muskat würzen, in weiteren 2 Min. sämig einkochen. Spinat einrühren und 2 Min. mitkochen. 1 EL Butter in Flöckchen und den Zucker dazugeben und alles 5–6 Min. bei geringer Hitze sanft kochen, ab und zu dabei umrühren, dann Spinat warm halten.

4. Zwischendurch Schmalz in einer großen Pfanne schmelzen. Darin die Pfifferlinge bei starker Hitze in 6–7 Min. anrösten, eventuell entstehende Flüssigkeit vollständig einkochen. Knoblauchscheiben einlegen und die Pilze weitere 3 Min. braten. Mit Salz, Pfeffer und Kümmel würzen.

5. Die übrige Butter in zwei großen Pfannen schmelzen und leicht salzen. Die Eier in eine Tasse aufschlagen, dann nacheinander vorsichtig in die Pfannen gleiten lassen und ca. 4 Min. bei geringer bis mittlerer Hitze braten. Die Eier sind perfekt, wenn die Eiweiße gestockt sind, aber noch keinen braunen Rand aufweisen, und die Eigelbe beim Hineinstechen weich herauslaufen.

6. Den Spinat eventuell nochmals mit dem Pürierstab aufmixen, abschmecken. Rahmspinat mit den Spiegeleiern und den Pfifferlingen auf vorgewärmten Tellern anrichten und servieren. Dazu passen Salzkartoffeln sehr gut.

20

GEFÜLLTE PAPRIKASCHOTEN

UNSER REZEPT FÜR NOCH MEHR GENUSS: GEFÜLLTES GEMÜSE AUS DEM OFEN

FÜR 6 PERSONEN
ZUBEREITUNGSZEIT CA. 45 MIN.
GARZEIT 50–60 MIN.
PRO PORTION CA. 460 KCAL

ZUTATEN

200 g Mangoldblätter (die Stiele anderweitig verwenden)
100 g geräucherter durchwachsener Speck
3 Zwiebeln
2 Knoblauchzehen
2 EL Olivenöl
100 g Weißbrot (eventuell vom Vortag)
3 kleine grüne Paprikaschoten
1 großer Zucchino
1 große, schlanke Aubergine
3 große feste Tomaten
1/2 Bund Petersilie
1/2 Bund Basilikum
250 g grobe Bratwürste
150 g gemischtes Hackfleisch
1 EL Tomatenmark
1 TL getrockneter Oregano
1 TL getrockneter Majoran
2 Eier (Größe M)
2 EL Semmelbrösel
Salz | Pfeffer
80 ml Gemüsebrühe (Instant)

1. Die Mangoldblätter waschen, trocken tupfen und von den Stielen befreien. Die Blätter erst längs vierteln, dann quer in ganz feine Streifen schneiden. Den Speck fein würfeln, Zwiebeln und Knoblauch schälen und ebenfalls fein würfeln.

2. Eine große ofenfeste Form mit etwas Öl ausstreichen. Das restliche Öl in einer beschichteten Pfanne erhitzen. Darin Speck, Zwiebeln und Knoblauch bei mittlerer bis starker Hitze anbraten. Mangold dazugeben und bei starker Hitze kurz mitbraten, bis er zusammenfällt und so viel Flüssigkeit wie möglich eingekocht ist, dann die Pfanne vom Herd nehmen.

3. Das Weißbrot in Wasser einweichen. Die Paprikaschoten waschen, längs halbieren und putzen (wer mag, lässt die Stiele dran). Den Zucchino und die Aubergine waschen, putzen und quer in ca. 6 cm breite Scheiben schneiden. Jede Scheibe so aushöhlen, dass ein 5 mm breiter Rand und ein dünner Boden stehen bleibt; das geht am besten mit einem kleinen Kugelausstecher. Die Tomaten waschen, halbieren und das Innere mit einem Löffel herauslösen.

4. Den Backofen auf 180° vorheizen. Petersilie und Basilikum waschen und trocken schütteln, die Blättchen von den Stängeln zupfen und fein schneiden. Das eingeweichte Brot gut ausdrücken und zerzupfen.

5. Das Wurstbrät aus der Pelle in eine Schüssel drücken. Hackfleisch, Brot, Mangoldmischung, Tomatenmark, getrocknete und frische Kräuter, Eier und die Semmelbrösel dazugeben, salzen und pfeffern und alles mit den Händen zu einer glatten Masse verkneten.

6. Die Masse auf die ausgehöhlten Gemüsestücke verteilen und jedes so füllen, dass sich dabei eine kleine Haube bildet. Das gefüllte Gemüse in die Form setzen, die Brühe angießen. Dann die Form in den Backofen (Mitte) schieben und das Gemüse 50–60 Min. weich garen, bis die Füllung schön gebräunt ist.

7. Das Gemüse vor dem Servieren nur leicht oder lauwarm abkühlen lassen und eventuell mit einer Tomatensauce (zum Beispiel der scharfen Arrabbiata-Sauce von Seite 27) servieren. Dazu passt Reis oder Weißbrot.

DIE TOP-VOLKSWEISHEITEN ÜBER *Spargel*

Mit knapp 2,2 Kilo pro Kopf sind die Deutschen Europameister im Spargelverzehr. Ganze 114.000 Tonnen wurden bundesweit im Jahr 2015 geerntet. Dass Spargel bei uns stets beliebt war, zeigen all die alten Volksweisheiten über das Gemüse:

1. »**Bis Johanni nicht vergessen,** sieben Wochen Spargel essen.«
2. »**Wer Spargel isst,** der sündigt nicht.«
3. »**Die Rose ist schon oft besungen,** das Veilchen und der Fliederstrauß. Jedoch kein Dichter lobt den Spargel. Ich meine, der verdient es auch.«
4. »**Ich fühl' mich immer wie verhext,** in Walbeck, wenn der Spargel wächst.«

Die fantastischen Vier

WEM DAS SCHMECKT, DER MAG AUCH

- die Schnitzel mit Sauce auf Seite **38**
- das Hühnerfrikassee auf Seite **151**

Viola, Autorin

An Volksweisheit Nummer zwei ist etwas Wahres dran: 100 Gramm Spargel enthalten gerade einmal rund 20 Kalorien.

21

SPARGEL

DER FRÜHLINGSKLASSIKER: SPARGEL MIT SAUCE HOLLANDAISE

FÜR 2 PERSONEN
ZUBEREITUNGSZEIT CA. 1 STD.
PRO PORTION CA. 625 KCAL

ZUTATEN
1 kg weißer Spargel
1 TL Salz
1 TL Zucker
1 TL Butter
300 g kleine neue Kartoffeln

FÜR DIE SAUCE HOLLANDAISE
100 g Butter
2 sehr frische Eigelb (Größe M)
1 EL Zitronensaft
Salz | weißer Pfeffer

AUSSERDEM
Kresse zum Bestreuen (nach Belieben)

1. Den Spargel schälen und die Enden abschneiden. Die Schalen und Spargelenden mit Salz, Zucker, Butter und 2 l Wasser in einen Topf geben und 10 Min. kochen, dann durch ein Sieb abgießen und den Sud auffangen.

2. Den Spargelsud in einem flachen Topf, in dem die Spargelstangen gut Platz haben, zum Kochen bringen. Den Spargel hineinlegen und bei schwacher Hitze zugedeckt in ca. 20 Min. nicht zu weich kochen.

3. Gleichzeitig die Kartoffeln unter fließendem Wasser abbürsten. In einem Topf mit Wasser bedecken, aufkochen und in ca. 20. Min. weich kochen.

4. Für die Sauce hollandaise die Butter bei schwacher Hitze schmelzen, ohne dass sie braun wird, dann lauwarm abkühlen lassen, sodass sich das Milcheiweiß als weiße Schicht am Topfboden absetzt. Ein Wasserbad vorbereiten: Dazu in einen Topf, in den man eine Metallschüssel oder einen kleineren Topf einhängen kann, ca. 5 cm hoch Wasser füllen und dieses aufkochen. Die Hitze reduzieren; das Wasser darf nicht mehr kochen.

5. Wenn Kartoffeln und Spargel fast fertig gegart sind, die Eigelbe mit 1 EL kaltem Wasser in der Schüssel oder dem kleinen Topf verrühren, diesen über das Wasserbad hängen und 3–4 Min. mit dem Schneebesen schlagen, bis eine dickliche Creme entstanden ist. Die geklärte Butter (ohne das abgesetzte Milcheiweiß) erst teelöffel-, dann esslöffelweise hinzufügen und ständig weiterschlagen, bis eine cremige Sauce entsteht. Mit Zitronensaft, Salz und Pfeffer würzig abschmecken.

6. Die Kartoffeln abgießen und ausdampfen lassen. Den Spargel aus dem Sud heben, mit den Kartoffeln auf zwei vorgewärmten Tellern anrichten. Die Sauce hollandaise über den Spargel geben. Nach Belieben mit ein wenig Kresse bestreuen.

ZUR ABWECHSLUNG MAL VANILLEBUTTER

Sauce hollandaise ist zu Recht ein Klassiker zum Spargel. Aber wer das leckere Stangengemüse mehr als einmal auf den Tisch bringt, freut sich vielleicht über Abwechslung – zum Beispiel über Spargel mit Vanillebutter: Dafür 1 Vanilleschote längs aufschneiden und das Mark herauskratzen. Mit 60–80 g Butter und 1 kleinen Prise Salz in ein Töpfchen geben und die Butter schmelzen. Den Spargel wie beschrieben zubereiten und die Vanillebutter darüberträufeln.

22

HACKFLEISCHPFANNE

BELIEBT BEI GROSS UND KLEIN: PAPRIKA-HACKBÄLLCHEN-PFANNE

FÜR 2 PERSONEN
ZUBEREITUNGSZEIT CA. 35 MIN.
PRO PORTION CA. 590 KCAL

ZUTATEN

1 Scheibe Toastbrot
1 Knoblauchzehe
1/2 Bund Petersilie
1/2 Bio-Zitrone
250 g gemischtes Hackfleisch (ersatzweise Rinderhackfleisch)
1 Ei (Größe M) | Salz
Pfeffer
400 g Paprikaschoten (am besten bunt gemischt)
2 rote Zwiebeln
2 EL Olivenöl
50 g Schafskäse (Feta)

WEM DAS SCHMECKT, DER MAG AUCH

- das gefüllte Gemüse auf Seite **53**
- die Hähnchenpfanne auf Seite **119**

1. Das Toastbrot mit Wasser bedecken und weich werden lassen. Den Knoblauch schälen. Die Petersilie waschen, trocken schütteln und die Blätter abzupfen, ein paar Blätter zum Bestreuen beiseitelegen. Die Zitronenhälfte heiß waschen und abtrocknen, ein ca. 5 cm langes Stück Schale dünn abschneiden. Den Knoblauch, die Petersilie und die Zitronenschale fein hacken.

2. Das Toastbrot gut ausdrücken und zerpflücken, mit dem Hackfleisch, der Petersilienmischung und dem Ei in eine Schüssel geben, mit Salz und Pfeffer würzen und gründlich verkneten, bis der Fleischteig zusammenhält. Aus der Hackfleischmasse etwa tischtennisballgroße Kugeln formen.

3. Die Paprikaschoten waschen und halbieren. Stielansatz, Trennwände und Kerne entfernen, die Hälften in gut 1 cm breite Streifen schneiden. Die Zwiebeln schälen, vierteln und ebenfalls in Streifen schneiden.

4. Das Olivenöl in der Pfanne erhitzen. Die Hackbällchen hineingeben und bei mittlerer Hitze in ca. 5 Min. rundherum braun braten. Die Pfanne dabei immer wieder kräftig hin und her rütteln und die Bällchen auf diese Weise wenden. Die Bällchen aus der Pfanne nehmen und zugedeckt warm halten.

5. Die Paprika- und Zwiebelstreifen in die Pfanne geben, dann salzen und bei mittlerer bis großer Hitze unter häufigem Rühren in ca. 5 Min. bissfest garen. Das Gemüse abschmecken, die Hackbällchen darauflegen und zugedeckt richtig heiß werden lassen. Den Schafskäse zerkrümeln und vor dem Servieren mit den beiseitegelegten Petersilienblättern auf die Paprika-Hackbällchen-Pfanne streuen. Dazu schmeckt Fladenbrot oder Reis.

HACKFLEISCHPFANNE FÜR FAULE

Dafür einfach die klein geschnittene Paprika zusammen mit Zwiebeln und Hackfleisch anbraten, würzen und den Schafskäse nach Belieben darüberkrümeln. Ohne die Bällchen sieht es zwar nur halb so hübsch aus, schmeckt aber trotzdem.

23

LACHS

SEHR FEIN AUCH FÜR GÄSTE: REISPFANNE MIT LACHS UND SPINAT

FÜR 4 PERSONEN
ZUBEREITUNGSZEIT CA. 55 MIN.
PRO PORTION CA. 660 KCAL

ZUTATEN

2 Tassen Basmatireis (ca. 400 g)
1 Zwiebel
2 Lorbeerblätter
3 Gewürznelken
2 EL neutrales Pflanzenöl
Salz | Currypulver
100 g TK-Blattspinat
1 Knoblauchzehe
1 kleine rote Peperoni
1 kleine Stange Lauch
4 Lachsfilets (je ca. 125 g)
2 EL Zitronensaft
Pfeffer
100 ml Gemüsebrühe
(Instant oder aus dem Glas)

1. Den Backofen auf 190° vorheizen. Den Reis in einem Haarsieb waschen und abtropfen lassen. Die Zwiebel schälen und die Lorbeerblätter mit den Nelken daran feststecken. 1 EL Öl in einem ofenfesten Topf erhitzen und den Reis darin glasig dünsten. 3 Tassen (ca. 600 ml) heißes Wasser dazugeben. Die Zwiebel dazugeben, den Reis mit Salz und Currypulver würzen und anschließend in 45 Min. zugedeckt im heißen Backofen (Mitte) garen.

2. Den Spinat nach Packungsangabe auftauen. Den Knoblauch schälen und durch die Presse drücken. Die Peperoni waschen, längs halbieren, entkernen und in feine Streifen schneiden. Den Lauch putzen und längs aufschneiden, dann gründlich waschen und in Ringe schneiden.

3. Die Lachsfilets mit Zitronensaft beträufeln und mit Salz und Pfeffer würzen. Das restliche Öl in einer Pfanne erhitzen und den Lachs darin bei mittlerer Hitze 5–8 Min. braten, herausnehmen und warm stellen.

4. Das vorbereitete Gemüse in die Pfanne geben, anbraten und mit der Brühe ablöschen. Den Reis aus dem Ofen nehmen und ohne die Zwiebel mit in die Pfanne geben. Gemüse und Reis gut vermengen und mit Salz und Pfeffer abschmecken. Den Lachs auf den Reis legen und mit einem knackigen Blattsalat servieren.

UNSER ALLER LIEBLINGSFISCH

Lachs ist ein echter Alleskönner, denn er lässt sich auf die verschiedenste Art und Weise zubereiten und zu vielem kombinieren. Er schmeckt in der Pfanne und auf dem Grill, im Backofen, in Ragouts und Suppen, in Sushi und Sashimi (roh und super frisch), auf dem kalten Büfett (geräuchert oder gebeizt) oder fein püriert in Pasteten und Mousse.
In den meisten unserer Städte kommt dienstags und freitags frischer Fisch in die Läden, und damit auch der Lachs. Den Fisch zuletzt kaufen und nicht lange herumtragen, sondern zu Hause sofort auspacken, auf einen Teller oder eine Platte legen, zudecken und ab damit in den Kühlschrank. Dort kann der Lachs einen, maximal zwei Tage bis zur Zubereitung bleiben.

WEM DAS SCHMECKT, DER MAG AUCH

- die Nudeln mit Lachs auf Seite **71**
- den Nizza-Salat mit Thunfisch auf Seite **187**

24

SPAGHETTI CARBONARA

UNSER REZEPT DES SÜDITALIENISCHEN KLASSIKERS

FÜR 2 PERSONEN
ZUBEREITUNGSZEIT CA. 30 MIN.
PRO PORTION CA. 910 KCAL

ZUTATEN
Salz
80 g Pancetta (luftgetrockneter italienischer Bauchspeck, ersatzweise normaler Bauchspeck)
1 Knoblauchzehe
1/2 Bund glatte Petersilie
50 g Parmesan am Stück
250 g Spaghetti
1 EL Butter
2 sehr frische Eier (Größe S oder M)
2 EL Sahne
Pfeffer
frisch geriebene Muskatnuss

WEM DAS SCHMECKT, DER MAG AUCH

- die Nudeln mit Käsesauce auf Seite **113**
- die Spaghetti bolognese auf Seite **14**

1. In einem großen Topf reichlich Wasser aufkochen und salzen. Inzwischen den Speck, falls nötig, von Schwarte und Knorpeln befreien, dann in sehr kleine Würfel schneiden. Die Knoblauchzehe schälen und ebenfalls sehr klein würfeln.

2. Die Petersilie waschen und trocken schütteln. Die Blättchen abzupfen und fein hacken. Den Parmesan in eine kleine Schüssel reiben, knapp die Hälfte davon abnehmen und zum Servieren beiseitestellen.

3. Die Spaghetti im kochenden Salzwasser nach Packungsangabe bissfest garen. Inzwischen in einer beschichteten Pfanne die Butter erhitzen. Die Speckwürfel darin bei starker Hitze knusprig braten und dabei etwas auslassen. Knoblauch und Petersilie dazugeben und kurz mitbraten, dann die Pfanne vom Herd nehmen.

4. Den Parmesan in der Schüssel mit den Eiern und der Sahne, reichlich Pfeffer und 1 kräftigen Prise Muskat verrühren. Vorsichtig salzen, denn die Pancetta und der Parmesan sind ziemlich salzig.

5. Die Nudeln in ein Sieb abgießen, abtropfen lassen und sofort in der noch warmen, aber nicht mehr heißen Pfanne kurz mit der Speckmischung und den verrührten Eiern mischen.

6. Die Spaghetti Carbonara sofort in einer Schüssel servieren und den restlichen Parmesan dazu reichen. Dazu passt ein Tomatensalat.

WIR GEBEN ES ZU …

… dies ist die deutsche Variante von Spaghetti Carbonara, denn sie enthält Sahne. Das original italienische Rezept kommt ohne Sahne aus – dort liefern nur Olivenöl und Eier die nötige Sauce. Aber wir in Deutschland lieben nun einmal Sahnesaucen, weil sie rundum glücklich machen.

DAS ERSTE MAL: ALLES, WAS DU ÜBERS *Sushi-Essen* WISSEN MUSST

1. **Sushi-Anfänger aufgepasst:** Das grüne Zeug in der Schale ist Wasabipaste aus japanischem Meerrettich. Achtung, scharf!
2. **Der süßsauer eingelegte Ingwer (Gari)** dient laut traditionellem Sushi-Knigge zwischendurch zum Neutralisieren.
3. **Das Getränk in den hübschen Karaffen sieht harmloser aus,** als es ist: Rund 15 % Alkoholgehalt stecken in Sake.
4. **Die Typolologie des Sushi ist schnell erklärt:** Maki sind mit einem Noriblatt umwickelt. Ist der Reis außen drumherum gerollt, sind es California Rolls. Von Nigiri ist die Rede, wenn es sich der Fisch auf einem Reiskissen gemütlich macht.

Itadakimasu!

WEM DAS SCHMECKT, DER MAG AUCH

- das Thai-Curry auf Seite **41**
- die Knoblauchgarnelen auf Seite **137**

Verena, GU-Redakteurin

Eine Inspiration von meinen Japan-Reisen: Sushi kann auch freestyle zu Kugeln oder Würfeln geformt werden. Itadakimasu – guten Appetit!

25

SUSHI

MAL MIT, MAL OHNE FISCH: AVOCADO-TOFU-SUSHI

FÜR 4 PERSONEN
ZUBEREITUNGSZEIT CA. 1 STD.
PRO PORTION CA. 615 KCAL

ZUTATEN
300 g Sushireis (aus dem Asienladen)
3 EL Reisessig (aus dem Asienladen)
1 EL Zucker
Salz
1 kleine reife Avocado
2 EL Zitronensaft
150 g Räuchertofu
2 TL scharfe Chilisauce
1/2 Salatgurke
1 rote Paprikaschote
1 Beet Kresse
2 EL geröstete Sesamsamen (aus dem Asienladen)

AUSSERDEM
(AUS DEM ASIENLADEN)
4 Noriblätter
Bambusmatte
eingelegter Ingwer
helle Sojasauce
Wasabipaste

1. Den Reis mit kaltem Wasser spülen, dann gut abtropfen lassen. Den Reis mit 420 ml kaltem Wasser zum Kochen bringen. Danach die Temperatur reduzieren und den Reis 10 Min. bei schwacher Hitze zugedeckt sanft kochen, dann den Herd ausstellen und den Reis weitere 10 Min. quellen lassen.

2. 2 EL Essig, Zucker und 1 TL Salz mischen und leicht erwärmen, bis sich Zucker und Salz gelöst haben. Die Essiglösung über den Reis träufeln und vorsichtig durchrühren. Dann den Reis kühl stellen, damit er schnell abkühlt.

3. Die Avocado halbieren und entkernen, das Fruchtfleisch schälen, dann in 1/2–1 cm dicke Streifen schneiden. Den Zitronensaft mit 1 EL Wasser und etwas Salz verrühren und die Avocadostreifen damit einpinseln. Den Tofu ebenfalls in Streifen schneiden. Die Chilisauce mit 2 EL Wasser und Salz verrühren und den Tofu damit einpinseln. Die Gurke schälen, längs halbieren und entkernen. Paprikaschote waschen, längs halbieren und putzen. Beides ebenfalls in Streifen schneiden.

4. 1 Noriblatt mit der glänzenden Seite nach unten auf eine Bambusmatte legen und ca. 1 cm dick mit Reis bestreichen, dabei an einer Längsseite einen 1–2 cm breiten Rand frei lassen. Eine kleine Furche längs in die Mitte des Reises drücken. In der Mitte mit Avocado, Tofu, Gurke und Paprika belegen.

5. Den restlichen Essig mit 2 EL Wasser verrühren und den reisfreien Rand mit dem Essigwasser benetzen. Von der gegenüberliegenden Seite her mit dem Aufrollen beginnen. Die Rolle behutsam in Form bringen und das angefeuchtete Ende fest andrücken. Mit der Naht nach unten auf ein Schneidbrett legen, ein scharfes Messer mit Essigwasser benetzen und die Rolle achteln. Noch 3 weitere Rollen formen, zuschneiden und auf Tellern anrichten. Kresse vom Beet schneiden und die Rollen mit Sesam und Kresse garnieren. Die Sushi mit eingelegtem Ingwer, Sojasauce und Wasabi servieren.

SUSHI MIT LACHS UND GARNELEN

Für die Fisch-Variante Tofu und Gurke weglassen. Zusätzlich braucht man: 200 g Lachsfilet und 200 g gegarte geschälte Garnelen. Das Lachsfilet in Streifen von 1/2–1 cm Dicke schneiden und anstelle der Tofustreifen mit der Chilisauce bepinseln. Die Sushi ansonsten wie oben beschrieben zubereiten und Tofu und Gurke dabei durch den Lachs und die Garnelen ersetzen.

26

KÖNIGSBERGER KLOPSE

EINES DER BEKANNTESTEN UND BELIEBTESTEN DEUTSCHEN GERICHTE

FÜR 4 PERSONEN
ZUBEREITUNGSZEIT CA. 1 STD. 20 MIN.
PRO PORTION CA. 710 KCAL

ZUTATEN
200 ml Milch (3,5 % Fett)
1 Brötchen vom Vortag (oder 50 g Weißbrot)
1 1/2 Zwiebeln
2 Sardellenfilets (in Öl)
400 g Kalbshackfleisch
200 g Schweinehackfleisch
1 Ei (Größe M)
Salz | Pfeffer
frisch geriebene Muskatnuss
1 Lorbeerblatt
2 Gewürznelken
1 l Fleischbrühe (Instant oder aus dem Glas)
5 Pimentkörner
4 EL Butter
4 EL Mehl
200 g Sahne
2–3 EL kleine Kapern (aus dem Glas)
1–2 TL abgeriebene Schale von 1 Bio-Zitrone
1/2 Bund Schnittlauch

1. Die Milch lauwarm erhitzen und das Brötchen darin einweichen. Die halbe Zwiebel schälen und in ganz feine Würfel schneiden. Die Sardellenfilets abspülen und fein hacken. Das eingeweichte Brötchen mit den Händen gut ausdrücken und in eine Schüssel geben.

2. Kalbs- und Schweinehack, Ei, Zwiebel, Sardellen, etwas Salz, Pfeffer und Muskatnuss mit in die Schüssel geben und kräftig durchkneten. Mit feuchten Händen aus der Hackfleischmasse etwa 20 tischtennisballgroße Kugeln formen.

3. Die restliche Zwiebel schälen und das Lorbeerblatt mit den Gewürznelken daran feststecken. Die Brühe mit der gespickten Zwiebel und dem Piment in einem weiten Topf aufkochen. Die Klöße hineingeben und ca. 20 Min. bei kleiner Hitze ziehen lassen. Dabei ab und zu am Topf rütteln, damit sich die Klöße drehen und dadurch gleichmäßig garen.

4. Die Klöße mit einer Schaumkelle herausnehmen, abtropfen lassen und in einer Schüssel abgedeckt beiseitestellen. Die Brühe durch ein feines Sieb gießen und dabei für die Sauce 700 ml davon abmessen.

5. Für die Sauce die Butter in einem großen Topf aufschäumen, das Mehl unterrühren und kurz farblos anschwitzen. Die Sahne dazugießen, dabei ständig mit einem Schneebesen rühren, sodass keine Klümpchen entstehen. Die abgemessene Brühe dazugießen und alles unter Rühren aufkochen. 5 Min. unter Rühren kräftig kochen. Die Klöße hineingeben und ca. 5 Min. darin erhitzen.

6. Die Kapern unter die Sauce rühren und diese mit Salz, Pfeffer, Muskatnuss, Zitronenschale und 3–4 EL Kapernsud (aus dem Glas) herzhaft abschmecken.

7. Den Schnittlauch waschen, trocken schütteln und in feine Röllchen schneiden. Diese über die Königsberger Klopse streuen. Dazu schmecken Salzkartoffeln oder körnig gekochter Reis.

27

KARTOFFELPUFFER

HEISS GELIEBT, EGAL OB MIT SÜSSER ODER SALZIGER BEGLEITUNG

KARTOFFEL-PUFFER MIT APFELMUS

FÜR 4 PERSONEN
ZUBEREITUNGSZEIT CA. 30 MIN.
PRO PORTION CA. 430 KCAL

ZUTATEN
1 kg vorwiegend festkochende Kartoffeln
1 Zwiebel
1 Ei (Größe M)
1 1/2 EL Speisestärke
Salz | Pfeffer
frisch geriebene Muskatnuss
80 g Butterschmalz (ersatzweise Sonnenblumenöl)

AUSSERDEM
1 großes Glas Apfelmus (ca. 700 g)

1. Die Kartoffeln schälen, waschen und fein reiben. In ein Sieb geben, gut abtropfen lassen und dann ausdrücken; dabei die ablaufende Flüssigkeit auffangen. Die Zwiebel schälen, fein reiben und mit den Händen ebenfalls gut ausdrücken. Beides zusammen in eine Schüssel geben.

2. Die aufgefangene Kartoffelflüssigkeit vorsichtig abgießen, sodass nur die Stärke zurückbleibt, die sich am Schüsselboden abgesetzt hat. Die Kartoffelstärke zusammen mit dem Ei und der Speisestärke in die Schüssel mit den Kartoffeln und Zwiebeln geben. Alles gut durchmengen. Die Masse mit Salz, Pfeffer und Muskat kräftig würzen.

3. Eine große beschichtete Pfanne bei mittlerer Hitze heiß werden lassen. So viel Schmalz darin zerlassen, dass die Pfanne ca. 1 cm hoch gefüllt ist. Für jeden Puffer 2–3 EL von der Kartoffelmasse hineingeben und leicht flach drücken. Die Kartoffelpuffer von jeder Seite in ca. 4 Min. goldbraun braten, dann aus der Pfanne nehmen und auf Küchenpapier abtropfen lassen. Das Apfelmus in Schälchen füllen und zusammen mit den Kartoffelpuffern servieren.

KARTOFFEL-PUFFER MIT LACHSTATAR

FÜR 4 PERSONEN
ZUBEREITUNGSZEIT CA. 50 MIN.
PRO PORTION CA. 440 KCAL

ZUTATEN

FÜR DAS TATAR
100 g Möhren
2 Frühlingszwiebeln
400 g frisches Lachsfilet (ohne Haut)
1 Stück Meerrettich (ca. 1 cm)
1/2 Bio-Limette
1 TL Dijon-Senf
2 EL Olivenöl
Salz | Zucker

FÜR DIE PUFFER
s. Rezept links

WEM DAS SCHMECKT, DER MAG AUCH

die Pfannkuchen auf Seite **16**

die Reispfanne mit Lachs auf Seite **58**

1. Für das Tatar die Möhren schälen und in feine Streifen schneiden. Die Frühlingszwiebeln waschen, putzen und in feine Ringe schneiden.

2. Das Lachsfilet, falls nötig, von Gräten befreien, in dünne Scheiben schneiden und diese fein hacken. Den Meerrettich schälen und fein reiben. Limette heiß waschen und abtrocknen, die Schale abreiben, den Saft auspressen. Limettensaft und -schale mit Senf und Öl zu einem Dressing verrühren.

3. Lachs, Möhren und Frühlingszwiebeln mit dem Meerrettich und dem Limettendressing mischen, mit Salz und 1 Prise Zucker würzen. Das Tatar bis zum Servieren kühl stellen, sodass es knackig-frisch bleibt.

4. Die Kartoffelpuffer wie im Rezept links beschrieben zubereiten. Das Lachstatar auf den Puffern angerichtet servieren.

GÄSTEFEIN

Die Kartoffelpuffer mit Lachstatar eignen sich auch prima als feine Vorspeise für Gäste. Achte immer darauf, dass der Fisch für das Tatar so frisch wie möglich und von guter Qualität ist, und verarbeite den Lachs noch am selben Tag.

Festivals, die dir schmecken werden

UM UNSERE LIEBLINGSGERICHTE GEBÜHREND ZU FEIERN, WERDEN RUND UM DEN GLOBUS ZAHLREICHE FOOD-FESTIVALS VERANSTALTET. WER HAT LUST AUF EINE PARTY? WIR HABEN DIE COOLSTEN EVENTS SCHON EINMAL FÜR DICH AUSFINDIG GEMACHT.

DIE TOP 6 DER INTERNATIONALEN *Food-Festivals*

1. NYC **Wine & Food** Festival
2. Singapore **Food Festival**
3. **Taste of Sydney**
4. Copenhagen **Cooking & Food** Festival
5. **Speciality & Fine Food Fair** London
6. Hawaii **Food & Wine** Festival

Der **Streetfood-Hype** ist ausgebrochen! Überall werden gerade Imbiss-Happen aus rollenden Restaurants serviert. Über die Theke der Foodtrucks wird gereicht, was schmeckt und schnell von der Hand in den Mund wandert. In vielen hippen Städten finden ganze Streetfood-Märkte auf vier Rädern statt – von der deutschen Hauptstadt Berlin bis zum kolumbianischen Pendant Bogotá.

BERLIN FOOD WEEK

Ein Hoch auf die angesagteste Metropole Deutschlands! In unterschiedlichen Locations kannst du während dieser Veranstaltung den Geschmack der Großstadt erleben.

Spargelfeste

Die zahlreichen Spargelfeste in Deutschland präsentieren sich ein bisschen traditioneller, dafür aber auch immer mit einer Extraportion Geschmack. Und erst die Weinfeste! Puh, da kommen wir aus dem Feiern ja gar nicht mehr heraus.

Gourmet-Festival Düsseldorf

Glamour gefällig? Dieses Festival ist etwas für Feinschmecker, die hochwertiges Essen und Trinken auf der Königsallee verkosten möchten.

EAT & STYLE HAMBURG

Moin moin! Das norddeutsche Fest begrüßt dich mit Drinks, Foodtrucks und besonderen Specials wie interessanten Workshops.

Oktoberfest in München

Die Wiesn ist zwar eher ein übergroßes Volksfest als ein reines Food-Festival, trotzdem gibt's hier regionale Schmankerl – »a resche Brezn« und »an sauguadn Schweinsbratn« zum Beispiel. Und eine Maß Bier. Ist ja auch Kulinarik, oder?

EUROPEAN STREET FOOD FESTIVAL

Diese kulinarische Party tourt durch Österreich. Probiert wird Köstliches von Foodtruck-Künstlern, Köchen und Ausstellern aus aller Herren Länder.

CHATE
DU DOUBS

28

NUDELN MIT LACHS

IM HANDUMDREHEN FERTIG:
LACHS-TAGLIATELLE MIT KRÄUTER-RAHM-SAUCE

FÜR 2 PERSONEN
ZUBEREITUNGSZEIT CA. 30 MIN.
PRO PORTION CA. 1025 KCAL

ZUTATEN
1 Bio-Limette
1 Schalotte
1/2 frische grüne Chilischote
200 g Lachsfilet | Salz
1/2 Bund Schnittlauch
2–3 Stängel glatte Petersilie
2–3 Stängel Minze
1 EL Butter
250 g Tagliatelle
200 g Sahne
100 ml Fischfond (aus dem Glas, ersatzweise Gemüsebrühe)
1 Schuss Wermut (nach Belieben, z. B. Noilly Prat)
Pfeffer

1. Für die Tagliatelle in einem großen Topf reichlich Wasser aufkochen. Inzwischen die Limette waschen und abtrocknen. Die Schale abreiben, den Saft auspressen. Die Schalotte schälen und in sehr feine Würfel schneiden. Die Chilischote waschen, putzen, entkernen und fein hacken.

2. Das Lachsfilet trocken tupfen, falls nötig, von Gräten befreien und in Würfel schneiden. Die Fischwürfel mit 1 EL Limettensaft beträufeln, salzen und beiseitestellen. Die Kräuter waschen und trocken schütteln, Blätter fein hacken.

3. In einem breiten Topf die Butter erhitzen. Schalotte und Chili darin bei kleiner bis mittlerer Hitze glasig dünsten. Das Nudelwasser salzen und die Tagliatelle darin nach Packungsangabe bissfest garen.

4. Während der Nudelgarzeit die Sahne, 2 EL Limettensaft und Fischfond oder Brühe und nach Belieben 1 Schuss Wermut zur Schalottenmischung gießen und alles bei starker Hitze cremig einkochen.

5. Die Kräuter bis auf einen kleinen Rest in die Sauce rühren. Diese vom Herd nehmen und den Fisch darin in ca. 1 Min. knapp gar ziehen lassen.

6. Die Nudeln in ein Sieb abgießen und auf die Teller verteilen. Die Sauce mit Salz und 1–2 Msp. Limettenschale würzen und auf die Nudeln geben. Schwarzen Pfeffer grob darübermahlen, alles mit den restlichen Kräutern bestreuen und servieren.

WEM DAS SCHMECKT, DER MAG AUCH

- die Nudeln mit Shrimps auf Seite **107**
- die Reispfanne mit Lachs auf Seite **58**

BEQUEM AUS DEM EIS

Ideal für spontane Genießer: Die Nudeln gelingen auch mit TK-Kräutern und TK-Lachs. Diesen abgedeckt 2–3 Std. bei Zimmertemperatur auftauen lassen, dann wie oben beschrieben zubereiten.

DIE SCHÄRFSTEN ZUTATEN FÜRS *Chili*

Ein gutes Chili muss scharf sein – so prophezeit es uns das feurige Originalrezept. Aber wie »hot« ist eigentlich was? Hier kommt ein Auszug aus der Scoville-Skala: die Produkte mit Capsaicin-Konzentration. So viel »Wumms« haben diese Einheizer:

Gemüsepaprika:	0–10
Tabascosauce:	1.000–2.500
Jalapeño-Chili:	2.500–5.000
Reiner Cayennepfeffer:	30.000–50.000
Piri-Piri:	50.000–100.000
Habanero-Chilis:	100.000–350.000
Dragon's Breath: aktuell die schärfste Chilisorte der Welt (Stand: 2017)	2.400.000
Reines Capsaicin:	16.000.0000

Total verschärft

WEM DAS SCHMECKT, DER MAG AUCH

- die Texmex-Tacos auf Seite **213**
- den Hamburger auf Seite **79**

Adriane, Lektorin

Vegane Alternative für's Chili: Sojaschnetzel in heißer Brühe einweichen, auspressen und bei starker Hitze anbraten. Schmeckt wie das Original!

29

CHILI CON CARNE

TEXANISCHER EINTOPF MIT FEURIGER CHILISCHÄRFE UND EINER SAFTIGEN SAUCE

FÜR 4 PERSONEN
ZUBEREITUNGSZEIT
CA. 2 STD. 45 MIN.
PRO PORTION CA. 705 KCAL

ZUTATEN
2 Zwiebeln
1 große Knoblauchzehe
1/2 gelbe Paprikaschote
1/2 rote Paprikaschote
2–3 frische kleine rote Chilischoten
4 EL Olivenöl
700 g Rinderhackfleisch
Salz | Pfeffer
2 TL Tomatenmark
2 Dosen stückige Tomaten
(je 240 g Abtropfgewicht)
1 EL Polenta (Maisgrieß)
1/2 TL Rinderbrühe (Instant)
2 Dosen Mais
(je 140 g Abtropfgewicht)
2 Dosen Kidneybohnen
(je 125 g Abtropfgewicht)
3 Msp. Kakaopulver
1 EL Apfelessig
2 Prisen brauner Zucker
4 EL saure Sahne

AUSSERDEM
Olivenöl zum Beträufeln

1. Zwiebeln und Knoblauch schälen und in feine Würfel schneiden. Die Paprikahälften waschen, putzen und in kleine Würfel schneiden. Die Chilischoten längs halbieren, putzen, waschen und klein schneiden.

2. Das Öl in einem großen Topf erhitzen. Das Hackfleisch darin ca. 10 Min. scharf anbraten, bis es bräunt. Mit Salz und Pfeffer würzen. Die Zwiebeln ca. 2 Min. mitbraten. Das Tomatenmark ca. 3 Min. mitrösten. Knoblauch, Chilis und Tomaten einrühren. Die Dosen mit 800 ml Wasser ausschwenken und dieses ebenfalls zum Chili gießen. Polenta und Brühpulver einrühren und alles ca. 4 Min. aufkochen.

3. Das Chili zugedeckt bei schwacher Hitze ca. 1 Std. 30 Min. sanft kochen, dabei gelegentlich umrühren. Dann den Deckel abnehmen, die Paprikawürfel einrühren und das Chili offen noch ca. 30 Min. sanft weiterkochen.

4. Mais und Bohnen in ein Sieb geben, kalt abbrausen und abtropfen lassen. Beides zum Chili geben und ca. 10 Min. darin ziehen lassen. Das Chili mit Salz, Pfeffer, Kakao, Essig und Zucker abschmecken.

5. Die saure Sahne in einer kleinen Schüssel glatt rühren, mit Salz und Pfeffer würzen. Den Eintopf in vorgewärmten tiefen Tellern, Schalen oder Tassen anrichten. Je 1 Klecks saure Sahne daraufsetzen und mit ein paar Tropfen Öl beträufeln. Dazu schmeckt frisches Baguette oder Bauernbrot.

TEXMEX-KÜCHE

Sie kommt aus Texas und verbindet amerikanische Südstaaten-Rezepte mit den typischen Bestandteilen der mexikanischen Küche wie Fleisch, Bohnen, Chilis und andere scharfe Gewürzen. Bei uns ist Chili con carne am bekanntesten, aber auch die auf verschiedenste Art gefüllten Tacos, Burritos und Enchiladas haben inzwischen unsere Städte erobert.

30

BRATKARTOFFELN

UNSER VERSPRECHEN: SO GELINGEN SIE PERFEKT

FÜR 4 PERSONEN
ZUBEREITUNGSZEIT CA. 45 MIN.
GARZEIT 30 MIN.
PRO PORTION CA. 190 KCAL

ZUTATEN
500 g festkochende Kartoffeln
Salz
1 Zwiebel
70 g Räucherspeck
2 EL Butterschmalz
Pfeffer
2–3 Stängel Petersilie

WEM DAS SCHMECKT, DER MAG AUCH

- das Wiener Schnitzel auf Seite **33**
- die Frikadellen auf Seite **97**

1. Am besten man kocht sie schon am Vortag: Die Kartoffeln waschen und in kochendem Salzwasser in 25–30 Min. bissfest garen und vollkommen ausdampfen lassen. Vorm Braten pellen und in Scheiben von ca. 1/2 cm Dicke schneiden.

2. Zwiebel schälen und wie auch den Speck klein würfeln. In einer großen Pfanne bei mittlerer Hitze den Speck auslassen. Zwiebel dazugeben und beides schön Farbe nehmen, aber nicht anbrennen lassen. In eine Schüssel geben. Die Pfanne mit Küchenpapier auswischen.

3. In der Pfanne das Butterschmalz stark erhitzen und die Kartoffelscheiben so hineinlegen, dass sie möglichst viel Kontakt zum Pfannenboden haben. Nicht rütteln, nicht rühren, nicht bewegen! Nach 3–4 Min. sind die Scheiben von unten schon etwas gebacken. Nun vorsichtig wenden, salzen, pfeffern und die andere Seite backen. Sie brauchen nicht öfter als zweimal gewendet zu werden.

4. Sind die Bratkartoffeln farblich wie gewünscht (das wird für ein Goldbraun ca. 20 Min. dauern), Speck und Zwiebel zurück in die Pfanne geben und vorsichtig untermischen. Die Petersilie abbrausen und trocken schütteln, die Blättchen abzupfen, hacken und kurz vorm Servieren ebenfalls unter die Kartoffeln mischen.

DER PROFITIPP

In der Ruhe liegt die Kraft: Ein häufigeres Wenden der Kartoffeln würden den Bratvorgang nur stören und die Scheiben beschädigen. Und die besten Bratkartoffeln sind die, bei denen man das Fett auf dem Teller nicht mehr sehen kann. Sie sollen saftig, aber knusprig und außen trocken sein.

31

KOHLROULADEN

PROBIER MAL DIE HIER: KOHLROULADEN MIT HACK-SAUERKRAUT-FÜLLUNG

FÜR 4 PERSONEN
ZUBEREITUNGSZEIT CA. 1 STD.
GARZEIT 40 MIN.
PRO PORTION CA. 515 KCAL

ZUTATEN
Salz
8 große Weißkohlblätter
1 Brötchen oder 2 Scheiben Toastbrot
200 g Sauerkraut (frisch oder aus der Dose)
1 große Zwiebel
3–4 EL Butterschmalz
1 Ei (Größe M)
400 g gemischtes Hackfleisch
Pfeffer
frisch geriebene Muskatnuss
1/2 TL getrockneter Majoran
edelsüßes Paprikapulver
1 EL gehackte Petersilie
500 ml Rinderbrühe (Instant oder aus dem Glas)
1 TL Speisestärke
100 g Crème fraîche

AUSSERDEM
Küchengarn (bei Bedarf)

1. Reichlich Wasser in einem großen Topf aufkochen, salzen. Die Kohlblätter darin portionsweise in 3–5 Min. weich garen. Mit einem Schaumlöffel herausheben, kalt abbrausen und trocken tupfen. Sollten die Mittelrippen der Blätter sehr dick sein, eventuell flacher schneiden.

2. Brötchen oder Toast in einer kleinen Schüssel in kaltem Wasser einweichen. Sauerkraut gut ausdrücken und etwas kleiner schneiden. Zwiebel schälen und fein würfeln. 1 EL Schmalz in einer kleinen Pfanne schmelzen, darin die Zwiebel bei mittlerer Hitze goldgelb braten, vom Herd nehmen.

3. Brötchen oder Toast aus dem Wasser nehmen, gut ausdrücken und fein zerzupfen. Mit Ei, Sauerkraut, Zwiebel und dem Hackfleisch in eine Schüssel geben, kräftig mit Salz, Pfeffer, Muskat, Majoran, Paprika und Petersilie würzen. Mit den Händen gründlich vermengen.

4. Je zwei Kohlblätter übereinanderlegen und je ein Viertel der Hack-Sauerkraut-Füllung daraufgeben, dabei rundherum einen kleinen Rand frei lassen. Die seitlichen Ränder über die Füllung schlagen, dann die Kohlblätter von unten her straff zu Rouladen aufrollen. Bei Bedarf mit Küchengarn zusammenbinden.

5. Das übrige Butterschmalz in einem Bräter schmelzen. Darin die Rouladen rundherum braun anbraten. Dann die Brühe dazugießen und alles zugedeckt bei kleiner Hitze ca. 40 Min. schmoren.

6. Die Rouladen aus dem Bräter nehmen und zugedeckt beiseitestellen. Die Stärke mit 3–4 EL kaltem Wasser verrühren und unter die Brühe im Bräter mischen. Diese aufkochen und 3–4 Min. bei großer Hitze einkochen. Die Crème fraîche einrühren und die Sauce mit Salz, Pfeffer und Paprika abschmecken. Rouladen einlegen und nochmals heiß werden lassen. Dazu passen Salzkartoffeln.

GANZ KLASSISCH: KOHLROULADEN OHNE KRAUT

Hierfür das Sauerkraut weglassen und stattdessen 100 g mehr Hackfleisch verwenden. Wer möchte, bereitet gleich eine größere Menge Kohlrouladen zu und friert die überzähligen samt Sauce ein.

DIE VERRÜCKTESTEN *Burger-* VARIANTEN

Ob Low-Carb-Diätler, Gesundheitsverfechter oder Foodporn-Künstler – auf Burger will niemand verzichten. Deshalb wurden diese abgefahrenen Ideen zum Trend:

1. **Oopsies:** Der charmante Name für Burgerbrötchen, die nur aus Eiern, Frischkäse, Backpulver und Salz bestehen.
2. **Grüne Burgerbrötchen,** die mit Matcha-Pulver zubereitet sind (das soll gesund sein), und schwarze Burgerbrötchen, die mit Sepia-Tinte eingefärbt sind (soll einfach nur cool aussehen).
3. **Ramen-Burger:** Gar keine Burgerbrötchen mehr. Die Pattys werden hier zwischen zwei Schichten Nudelnester geklemmt, die aus asiatischen Nudeln (Ramen) bestehen.

Foodporn pur

WEM DAS SCHMECKT, DER MAG AUCH

- das Gyros auf Seite **160**
- die Texmex-Tacos auf Seite **213**

Alessandra, GU-Redakteurin

Einen einzigen Burger fürs Foto in Szene zu setzen dauert 127 Minuten, 103 Burger zu essen gerade einmal acht. (Wettessen-Rekord, USA)

32

BURGER

WAS FÜR EIN SAFTIGER HAMBURGER – ZUM REINBEISSEN GUT!

FÜR 4 PERSONEN
ZUBEREITUNGSZEIT CA. 35 MIN.
PRO PORTION CA. 620 KCAL

ZUTATEN

FÜR DIE PATTYS
500 g bestes Rinderhackfleisch
Salz | Pfeffer
2 EL neutrales Pflanzenöl

FÜR DEN BURGER
1/2 Gemüsezwiebel
1 Fleischtomate
1 Römersalat-Herz
4 Essiggurken (aus dem Glas)
2 EL mittelscharfer Senf
2 EL Mayonnaise (s. S. 25 oder Fertigprodukt)
4 Burgerbrötchen (Fertigprodukt)
4 EL Tomatenketchup (s. S. 25 oder Fertigprodukt)

1. Für die Pattys das Fleisch mit Salz und Pfeffer würzen und gut durchmischen. Die Hackmasse mit leicht angefeuchteten Händen zu 4 flachen Küchlein formen. Diese sollten ein bisschen größer als die Burgerbrötchen sein. Kalt stellen.

2. Den Backofengrill vorheizen. Die Zwiebel schälen und in dünne Ringe hobeln. Die Tomate waschen und in dünne Scheiben schneiden, dabei den Stielansatz entfernen. Die Salatblätter ablösen, waschen, trocken schütteln und in feine Streifen schneiden. Die Gurken fein würfeln und mit Senf und Mayonnaise verrühren.

3. Das Öl in einer großen Pfanne erhitzen. Die Pattys darin bei mittlerer Hitze von beiden Seiten je 2–3 Min. braten, bis sie innen gar und außen schön knusprig sind.

4. Inzwischen die Burgerbrötchen aufschneiden und mit den Schnittflächen nach unten auf einen Backofenrost geben. Unter dem Ofengrill (Mitte) 1 Min. toasten.

5. Die Schnittflächen der unteren Brötchenhälften mit der Senfcreme bestreichen, mit jeweils 1 Hackfleisch-Patty und den Tomatenscheiben, den Zwiebelringen und den Salatblättern belegen. Obere Brötchenhälften mit dem Ketchup bestreichen, ebenfalls darauflegen und ganz leicht andrücken.

6. Du und deine Freunde, ihr habt einen Riesenhunger? Dann gehören die knusprigen Pommes frites von Seite 25 unbedingt dazu.

DER IDEALE PATTY

Er ist ca. 2 cm hoch und hat einen Durchmesser von ca. 10 cm. Das garantiert, dass er innen saftig bleibt und außen schön knusprig wird. Zu dünne Pattys werden schnell trocken, bevor sie eine schöne Kruste bilden, und zu dicke Pattys können außen leicht verbrennen, bevor sie innen gar sind.
Wenn du dich nicht aufs Augenmaß verlassen willst, hilft dir eine **Burgerpatty-Presse**. Sie ist aus antihaftbeschichtetem Aluguss und produziert formschöne, gleich große Pattys, die ein gleichmäßiges Bratverhalten an den Tag legen.

33

MAULTASCHEN

OB VEGETARISCH ODER MIT FLEISCHFÜLLUNG: SIE SIND DER GANZE STOLZ DER SCHWABEN

FÜR 4 PERSONEN
ZUBEREITUNGSZEIT
CA. 1 STD. 15 MIN.
PRO PORTION CA. 530 KCAL

ZUTATEN
300 g Mehl
3 Eier (Größe M) | Salz
1 kleiner Zucchino (ca. 100 g)
1 Möhre
2 Schalotten
2 Knoblauchzehen
1/2 Stange Lauch
2 EL Butterschmalz
1 altbackenes Brötchen
100 g Bergkäse oder Emmentaler (am Stück)
1/2 TL gehackte Petersilie
100 g Quark (20 % Fett)
abgeriebene Schale von 1/2 Bio-Zitrone
frisch geriebene Muskatnuss
Pfeffer
1 Eiweiß (Größe M)
1 Gemüsezwiebel
edelsüßes Paprikapulver
400 ml Gemüsebrühe (Instant oder aus dem Glas)

AUSSERDEM
Mehl zum Arbeiten
Schnittlauchröllchen zum Garnieren (nach Belieben)

1. Mehl, 2 Eier, etwas Salz und 50 ml Wasser zu einem geschmeidigen Teig verkneten und mindestens 30 Min. ruhen lassen. Inzwischen für die Füllung den Zucchino waschen und putzen, Möhre, Schalotten und Knoblauch schälen und alles fein würfeln. Lauch putzen, längs halbieren, waschen und ebenfalls sehr klein schneiden. 1 EL Butterschmalz erhitzen und das Gemüse darin weich dünsten.

2. Das Brötchen klein schneiden und mit dem Blitzhacker fein zermahlen. Den Käse reiben. Alles mit dem gedünsteten Gemüse mischen. Übriges Ei, Petersilie, Quark, Zitronenschale und etwas Muskatnuss hinzufügen und alles kräftig verkneten. Mit Salz und Pfeffer abschmecken.

3. Den Teig in 4 Portionen teilen. Eine Teigportion auf wenig Mehl rechteckig 1–2 mm dünn ausrollen. Eine Hälfte dünn mit verquirltem Eiweiß bestreichen. Auf die andere Hälfte die halbe Füllung in gleichmäßigem Abstand in zwei Reihen von 4–6 Portionen setzen. Die mit Ei bestrichene Teighälfte daraufklappen und – wo Teig auf Teig liegt – fest andrücken. In einzelne Maultaschen teilen und die Ränder rundherum mit einer Gabel gut andrücken. Restlichen Teig ebenso verarbeiten.

4. In einem großen Topf reichlich Salzwasser aufkochen. Die Maultaschen im leicht siedenden Wasser unter gelegentlichem Rühren ca. 15 Min. garen. Inzwischen die Zwiebel schälen, in Ringe schneiden und im restlichen Butterschmalz goldbraun braten. Mit Salz, Pfeffer und Paprikapulver kräftig würzen, mit Brühe ablöschen und etwas einkochen. Die Maultaschen aus dem Sud heben und auf vier tiefe Teller verteilen. Mit Zwiebelringen und Zwiebelsud bedecken und servieren. Nach Belieben mit Schnittlauchröllchen garnieren.

VARIANTE: MAULTASCHEN MIT HACKFLEISCHFÜLLUNG

Dafür Zucchino, Käse und Quark weglassen und statt Gemüsebrühe Fleischbrühe verwenden. Zusätzlich brauchst du 100 g küchenfertigen Blattspinat, 200 g gemischtes Hackfleisch, 1 TL mittelscharfen Senf und Cayennepfeffer. Teig und Gemüsemischung wie in Step 1 beschrieben zubereiten. Den Spinat dazugeben und in der Pfanne kurz zusammenfallen lassen. Die Mischung in einer Rührschüssel mit dem Pürierstab grob pürieren, dann mit Hackfleisch, Senf und den restlichen Zutaten mischen. Mit Salz, Pfeffer und Cayennepfeffer würzen. Die Maultaschen wie in den Steps 3–4 beschrieben zubereiten.

34

BRATHÄHNCHEN

AUSSEN KNUSPRIG, INNEN SAFTIG – SO MUSS EIN BRATHÄHNCHEN SEIN

FÜR 4 PERSONEN
ZUBEREITUNGSZEIT CA. 20 MIN.
BACKZEIT 1 STD.
PRO PORTION CA. 565 KCAL

ZUTATEN
1 Huhn (1a-Qualität, ca. 1,7 kg)
2 Bio-Limetten
2 EL Olivenöl
Salz | Pfeffer
1 TL Cayennepfeffer

AUSSERDEM
Küchengarn oder kleine Holzspieße

1. Den Backofen auf 180° vorheizen. Das Huhn innen und außen gründlich waschen und mit Küchenpapier trocken tupfen. Mit den Fingern oder mit einem Kochlöffel ganz vorsichtig unter die Haut von Brust und Oberschenkeln fahren und so die Haut vom Fleisch ablösen.

2. Die Limetten heiß waschen und abtrocknen. Von 1 Limette die Enden knapp abschneiden und die Frucht in 8 dünne Scheiben schneiden. Die Scheiben unter die Schenkel- und Brusthaut schieben. Die zweite Limette mit dem Handballen fest über die Arbeitsfläche rollen und dann mit einem spitzen Messer oder mit einem Spieß ca. 20-mal einstechen.

3. Das Huhn mit ein wenig Olivenöl einreiben, innen und außen gut salzen und pfeffern, außen auch mit Cayennepfeffer einreiben. Die eingestochene Limette in den Bauch des Huhns schieben und die Bauchöffnung mit Küchengarn oder kleinen Holzspießen verschließen.

4. Das Huhn in einen Bräter setzen und im Backofen (Mitte) in ca. 45 Min. gar braten, dabei alle 10 Min. mit Olivenöl bepinseln. Die Temperatur auf 230° erhöhen und die Hühnerhaut in weiteren 15 Min. knusprig braun werden lassen.

5. Dazu passen nicht nur die Pommes frites von Seite 25, sondern auch die bunten Salate von Seite 84 und 85. Und wer ganz viel Hunger hat, liebt dazu vielleicht die perfekten Bratkartoffeln von Seite 75.

WEM DAS SCHMECKT, DER MAG AUCH

- den Kartoffelsalat auf Seite **127**
- das Wiener Schnitzel auf Seite **33**

DER DREH MIT DEN ZITRUSFRÜCHTEN

Natürlich ist es immer ein geschmacklicher Unterschied, ob ich etwas mit Zitrone, Limette oder Orange mache. Bei diesem Rezept freilich ist die Frucht an sich nicht das Entscheidende – vielmehr geht es um die Feuchtigkeit, die das Hähnchen saftig bleiben lässt. Aber mit den verschiedenen Zitrusfrüchten, die mal mehr Säure oder mehr Süße enthalten, lässt sich das ganze je nach Geschmack variieren.

35

BUNTER SALAT

FÜR DEN KLEINEN HUNGER ODER ALS KRÄUTERWÜRZIGE BEILAGE

SOMMERSALAT MIT PAPRIKASCHOTEN

FÜR 4 PERSONEN
ZUBEREITUNGSZEIT CA. 30 MIN.
PRO PORTION CA. 205 KCAL

ZUTATEN

250 g gemischte Blattsalate (z. B. Romana, Rucola, Eichblattsalat)
200 g Kirschtomaten
1 Mini-Salatgurke (ca. 200 g)
je 1 rote und gelbgrüne Spitzpaprikaschote
1 Bund Frühlingszwiebeln
4 EL Weißweinessig | Salz | Pfeffer
2 TL scharfer Senf | 1–2 TL Honig
6 EL neutrales Pflanzenöl
1 Bund Kräuter (z. B. Petersilie, Estragon, Schnittlauch, Basilikum)

1. Die Blattsalate putzen, waschen, trocken schleudern und zerpflücken. Die Tomaten waschen und vierteln. Die Salatgurke schälen, längs halbieren und in Scheibchen schneiden. Die Paprikaschoten waschen, putzen und in sehr kleine Würfel schneiden. Die Frühlingszwiebeln waschen, putzen und in feine Ringe schneiden.

2. Für das Salatdressing Essig, 4 EL Wasser, Salz, Pfeffer, Senf und Honig in eine große Schüssel geben und gut verrühren. Das Öl darunterschlagen, bis das Dressing cremig wird.

3. Die Kräuter waschen und trocken schütteln, die Blätter abzupfen, fein hacken und unter das Dressing heben.

4. Alle Salatzutaten erst kurz vor dem Servieren zum Dressing in die Schüssel geben; sonst werden die Blattsalate schlapp. Behutsam im Dressing wenden und sofort servieren.

KNABBERSPASS

Tuning-Tipp: Die Salatmischung mit 2 EL gerösteten Kernen wie Sonnenblumen-, Kürbis- oder Pinienkernen anreichern.

BLATTSALAT MIT EI UND OLIVEN

FÜR 2 PERSONEN
ZUBEREITUNGSZEIT CA. 20 MIN.
PRO PORTION CA. 515 KCAL

ZUTATEN

FÜR DEN SALAT
2 EL Crème fraîche
2 EL Apfelessig
1 TL scharfer Senf
2 EL neutrales Pflanzenöl
1 EL TK-Schnittlauch
Salz | Pfeffer
1 Romana-Salatherz
1 rote Zwiebel
1/3 Bio-Salatgurke
1 gelbe Paprikaschote
2 hart gekochte Eier (Größe M)
10 grüne oder schwarze Oliven (entsteint)
1/2 Beet Kresse

FÜR DAS KNOBLAUCHBROT
1 Knoblauchzehe
2 EL weiche Butter
Salz | Pfeffer
4 Scheiben Ciabattabrot

WEM DAS SCHMECKT, DER MAG AUCH

den Nizza-Salat auf Seite **187**

den Nudelsalat auf Seite **95**

1. Für das Dressing Crème fraîche und Essig mit Senf und Öl sowie 1–2 EL Wasser verrühren. Den Schnittlauch darunterrühren und die Sauce mit Salz und Pfeffer würzen.

2. Das Salatherz zerpflücken, die Blätter waschen und trocken schleudern. Die Zwiebel schälen und in schmale Spalten schneiden. Die Gurke heiß waschen und in dünne Scheiben schneiden. Die Paprikaschote waschen, dann längs halbieren, putzen und in schmale Streifen schneiden. Die Eier pellen und in Scheiben schneiden.

3. Das Salatherz, die Gurke und die Zwiebel mit dem Dressing mischen und auf zwei Teller verteilen. Paprika, Eier und Oliven darauf anrichten. Die Kresse vom Beet abschneiden und darüberstreuen.

4. Für die Knoblauchbutter die Knoblauchzehe schälen und zur Butter pressen. Beides vermengen und mit Salz und Pfeffer würzen. Das Brot toasten, mit der Butter bestreichen und zum Salat servieren.

36

ERDBEERKUCHEN

SÜSSE FRÜCHTCHEN AUF LOCKER-LEICHTEM TEIG

FÜR 1 OBSTKUCHENFORM (26 CM Ø)
ZUBEREITUNGSZEIT CA. 45 MIN.
BACKZEIT 20 MIN.
PRO STÜCK CA. 175 KCAL (BEI 12 STÜCKEN)

ZUTATEN

FÜR DEN BISKUITTEIG
2 Eier (Größe M)
100 g Zucker | Salz
60 g Mehl
40 g Speisestärke

FÜR DEN BELAG
500 g Erdbeeren
150 g Sahne
500 ml roter Fruchtsaft (z. B. Kirsche, ersatzweise Apfelsaft)
3–4 gestrichene EL Zucker
2 Pck. klarer Tortenguss

AUSSERDEM
Butter für die Form

1. Den Backofen auf 180° vorheizen. Den Boden der Obstkuchenform (ersatzweise eine Springform von 26 cm Ø verwenden) gründlich mit Butter einfetten.

2. Für die Biskuitmasse die Eier trennen. Die Eigelbe mit dem Zucker sowie 2 EL heißem Wasser mit den Quirlen des Handrührgeräts sehr gut schaumig schlagen. Die Eiweiße mit 1 Prise Salz steif schlagen und auf die Eigelbcreme geben. Das Mehl und die Speisestärke vermischen und daraufsieben, dann mit einem Schneebesen locker unterheben.

3. Die Biskuitmasse in die Backform füllen und im Ofen (Mitte) in ca. 20 Min. goldgelb backen. Den Biskuitboden aus dem Backofen nehmen und in der Form auf einem Kuchengitter abkühlen lassen.

4. Für den Belag die Erdbeeren abspülen, trocken tupfen und putzen. Die Sahne steif schlagen. Den Tortenboden aus der Form lösen und auf eine Tortenplatte legen, mit der Sahne bestreichen und mit den Erdbeeren belegen.

5. Für den Guss Saft, Zucker und Tortengusspulver verrühren. Unter Rühren aufkochen und kurz abkühlen lassen. Mit einem Esslöffel zügig von der Mitte aus auf den Erdbeeren verteilen, dann in ca. 30 Min. fest werden lassen.

MINI-ERDBEERKUCHEN

Wenn's schnell gehen und auch noch hübsch aussehen soll: Im Supermarkt gibt es fertige Mini-Tortenböden, sogenannte Tartelettes. Jeweils die Sahne und die Erdbeeren darauf verteilen, einen Löffel vom Tortenguss darübergießen und diesen fest werden lassen. Zum Schluss mit dem Spritzbeutel ein Sahnehäubchen obendrauf – fertig ist die kleine Gäste-Überraschung.

WEM DAS SCHMECKT, DER MAG AUCH

den Apfelkuchen auf Seite **179**

die kleinen Obstkuchen auf Seite **116**

Bloß nicht!
Die peinlichsten Fettnäpfchen

SELTEN LAUERN SO VIELE FALLEN MIT PEINLICHKEITS-POTENZIAL WIE BEIM ESSEN: DEIN DATE KÖNNTE DIR EINEN KORB GEBEN, WENN DU HUMMER ISST, UND IN ITALIEN ERNTEST DU BÖSE BLICKE, WEIL DU EINEN CAPPUCCINO BESTELLST. MIT UNSEREM SURVIVAL-GUIDE VERMEIDEST DU JEDEN FAUXPAS.

FÜNF LEBENSMITTEL, DIE DU NICHT IM KÜHLSCHRANK LAGERN DARFST

Öl

Tomaten

Kartoffeln

Avocados

Zwiebeln

Das solltest du nie beim ersten Date essen

Knoblauch: *Falls du dir von deinem Date einen Kuss versprichst, verzichte lieber auf Lebensmittel, die selbst Vampiren das Fürchten lehren.*

Hummer: *Für alle, die mit diesem Krustentier auf dem Teller nicht geübt umgehen können, wird es schnell peinlich, wenn eine Schere dem Gegenüber ins Gesicht schleudert.*

Spareribs: *Supersauber siehst du nach dem Verzehr von saftigen Rippchen nicht unbedingt aus. Bestell dieses Gericht nur, wenn es deine Flirtstrategie ist, deinen Lover zu fragen, ob sich da noch Sauce an deiner Wange befindet.*

Maiskolben: *Easy zu essen – stimmt! Allerdings bleibt Mais allzu gerne zwischen den Zähnen hängen. Lieber die Finger davon lassen.*

DREI TYPISCH (MÄNNLICHE) ANFÄNGER-FEHLER BEIM GRILLEN

Viele (Männer) glauben, sie würden am Grill besonders locker wirken, wenn sie sich so verhalten, wie es in der Realität kein echter Grill-Profi je tun würde.

Niemals

1. **Den Grill mit Benzin oder Spiritus anzünden – das ist brandgefährlich.**
2. **Zum Anheizen dem Feuer mit der Zeitung zuwedeln:** Das bringt gar nichts – außer Funkenflug!
3. **Das Fleisch auf dem Grill zum Schluss mit Bier übergießen:** Außer hochspritzender Asche hat die Bierdusche keiner Effekt.

DIE 4 GRÖSSTEN *No-Gos* IM RESTAURANT

1. **Zu wenig Trinkgeld geben:** Wenn du mit dem Service zufrieden warst, sei nicht knauserig und honoriere die Arbeit des Kellners auf jeden Fall mit 10% Trinkgeld. Nur die Wechselgeldmünzen auf dem Tisch liegen zu lassen, gehört nicht zum guten Ton.
2. **Mit dem Finger schnipsen:** Genauso unangebracht ist es, dem Kellner mit einem schnipsenden Finger zu signalisieren, dass du bestellen möchtest.
3. **Seine Kinder anschreien:** Tischmanieren sind in jeder Familie ein heikles Thema. Auf »erzieherische« Schreianfälle solltest du im Restaurant aber immer verzichten.
4. **Laut telefonieren:** Apropos Lautstärke – Gleiches gilt natürlich auch für das Telefonieren. Wenn dein Tischnachbar dich dank eines Anrufs besser kennt als deine Mutter es tut, ist lautstärkentechnisch wohl gehörig etwas schiefgelaufen.

ANDERE LÄNDER, ANDERE SITTEN

Nach Pizza, Pasta und Tiramisu gelüstet es dich nach einem Cappuccino? Alarmstufe Rot! Denn für einen italienischen Kellner bedeutet das, du bist nicht satt geworden. In Italien gehört der schäumende Milchkaffee lediglich zum Frühstück – danach bitte nur noch Espresso bestellen!

37

MILCHREIS

DER KINDERHIT ENTWEDER GANZ KLASSISCH ODER MAL MIT KOKOSMILCH

APFELMILCHREIS MIT ZIMTZUCKER

FÜR 2 PERSONEN
ZUBEREITUNGSZEIT CA. 30 MIN.
PRO PORTION CA. 605 KCAL

ZUTATEN

750 ml Milch (3,5 % Fett)
2 EL Zucker
120 g Rundkornreis
1 Bio-Zitrone
2 säuerliche Äpfel (z. B. Boskop oder Gravensteiner, ca. 300 g)
1 EL Butter
1/4 TL Zimtpulver

1. Die Milch zusammen mit 1 EL Zucker in einen Topf geben. Den Reis hinzufügen. Die Zitrone heiß waschen, mit dem Sparschäler einen breiten Streifen abschälen und dazugeben (verleiht dem Milchreis eine frische Note).

2. Die Milch aufkochen und bei kleiner Hitze 20 Min. kochen, dabei alle paar Minuten umrühren, damit nichts anbrennen kann. Den Herd abschalten und den Milchreis zugedeckt quellen lassen, bis die Äpfel fertig sind.

3. Die Äpfel vierteln und schälen, jeweils das Kerngehäuse entfernen. Die Viertel in Spalten schneiden.

4. Die Butter in einer Pfanne bei mittlerer Hitze zerlassen. Apfelspalten dazugeben und 2–3 Min. unter Wenden braten. Den übrigen Zucker (1 EL) mit dem Zimtpulver mischen.

5. Das Zitronenschalenstück aus dem Milchreis entfernen und die gebratenen Apfelspalten unter den Reis ziehen. Den fertigen Apfelmilchreis auf zwei Schalen oder tiefe Teller verteilen und den Zimtzucker darüberstreuen.

KOKOS-MILCHREIS MIT MANGO

FÜR 2 PERSONEN
ZUBEREITUNGSZEIT CA. 30 MIN.
PRO PORTION CA. 440 KCAL

ZUTATEN
150 g Milchreis
Salz | 2 EL Zucker
400 ml Kokosmilch (aus der Dose)
2 EL Kokosraspel
1 kleine reife Mango

WEM DAS SCHMECKT, DER MAG AUCH

- den Grießbrei auf Seite **172**
- das Tiramisu auf Seite **167**

1. In einem kleinen Topf 150 ml Wasser zusammen mit dem Reis sowie 1 Prise Salz, 1 EL Zucker und der Kokosmilch aufkochen. Bei kleinster Hitze den Reis unter häufigem Rühren in ca. 20 Min. weich und cremig kochen.

2. Inzwischen in einem Pfännchen die Kokosraspel zusammen mit dem übrigen Zucker erhitzen und rühren, bis sie hellbraun und knusprig karamellisiert sind. Die Kokosraspel in einen Teller umfüllen und abkühlen lassen.

3. Das Fruchtfleisch der Mango in kleine Stücke schneiden (s. Tipp) und unter den heißen Kokos-Milchreis heben. Die Kokosraspel daraufstreuen und den Milchreis servieren.

DER MANGO-TRICK

Das Fruchtfleisch ist schwer von Schale und Stein zu trennen. So geht's: Die Mango hochkant stellen und beidseitig das Fruchtfleisch mitsamt Schale am großen, flachen Stein entlang abschneiden. Ein Gittermuster in das Fruchtfleisch schneiden, aber die Schale dabei nicht durchschneiden. Das Mangostück umstülpen, sodass die Würfel hochstehen, und diese von der Schale schneiden. Das Mittelstück schälen, das übrige Fruchtfleisch vom Stein schneiden und würfeln.

38

KARTOFFELGRATIN

SAHNIGER FRANZÖSISCHER KLASSIKER, DER SATT UND GLÜCKLICH MACHT

FÜR 4 PERSONEN
ZUBEREITUNGSZEIT CA. 30 MIN.
GARZEIT 50–60 MIN.
PRO PORTION CA. 540 KCAL

ZUTATEN
1–2 Knoblauchzehen
300 g Crème fraîche
150 ml Milch (3,5 % Fett)
Meersalz
Pfeffer
frisch geriebene Muskatnuss
100 g Gruyère
1 kg vorwiegend festkochende Kartoffeln

AUSSERDEM
Butter für die Form

1. Den Backofen auf 180° vorheizen. Eine Auflaufform einfetten. Den Knoblauch schälen. Die Crème fraîche und die Milch verquirlen, den Knoblauch dazupressen und alles mit Meersalz, Pfeffer und Muskatnuss kräftig würzen.

2. Den Käse reiben. Die Kartoffeln schälen und in sehr dünne Scheiben schneiden oder hobeln. (Wenn es besonders schnell gehen soll, überlässt man das Hobeln am besten dem Schneideaufsatz der Küchenmaschine – so vorhanden.)

3. Die Kartoffelscheiben dachziegelartig in die Form legen, dabei die erste Lage leicht salzen und die Hälfte des Käses darauf verteilen. Über die oberste Lage die Crème-fraîche-Mischung gießen und den restlichen Käse darauf verteilen.

4. Im Ofen (Schiene unten) 50–60 Min. backen, bis die Kartoffeln gar sind und die Oberfläche goldbraun ist. Eventuell nach 30 Min. zum Schutz eine Alufolie darüber legen, damit die Kartoffeln nicht zu dunkel werden.

5. Das sahnige Kartoffelgratin ist ein wunderbarer Begleiter eines Steaks, eines Hähnchens oder eines Schmorgerichts. Ist das Gratin die Hauptspeise, schmeckt dazu eine große Schüssel mit knackigem Salat, im Sommer gerne mit Tomaten und Kräutern, im Winter mit fein gehobeltem Fenchel.

VARIANTE: KARTOFFEL-GEMÜSE-GRATIN

Kartoffelgratin ist ein Klassiker, der in der kalten Jahreshälfte häufiger auf den Tisch kommt und der einfach satt und glücklich macht. Damit keine Langeweile aufkommt, einfach mal einen Teil der Kartoffeln durch Wurzelgemüse wie Pastinaken, Petersilienwurzeln oder Topinambur ersetzen. Aber auch Möhren, Fenchel oder Brokkoli können die Kartoffeln schön ergänzen.

WEM DAS SCHMECKT, DER MAG AUCH

die Quiche auf Seite **111**

den Nudelauflauf auf Seite **47**

39

NUDELSALAT

DER PARTYLIEBLING: MIT SCHINKEN UND KLASSISCHEM MAYONNAISE-DRESSING

FÜR 2 PERSONEN
ZUBEREITUNGSZEIT CA. 25 MIN.
RUHEZEIT 30 MIN.
PRO PORTION CA. 650 KCAL

ZUTATEN
Salz
120 g kurze Nudeln (z. B. Fusilli)
100 g TK-Erbsen
1 Bund glatte Petersilie
1 dicke Scheibe gekochter Schinken (ca. 100 g)
75 g eingelegte rote Paprikaschoten (aus dem Glas)

FÜR DAS MAYONNAISE-DRESSING
50 g Mayonnaise (80 % Fett)
100 g Schmand (24 % Fett)
25 g Tomatenmark
2 TL Worcester-Sauce
1 TL Dijon-Senf
1 TL Apfelessig
Pfeffer
Cayennepfeffer

WEM DAS SCHMECKT, DER MAG AUCH

den Nizza-Salat auf Seite **187**

die Schinkennudeln auf Seite **201**

1. Für die Nudeln in einem mittelgroßen Topf reichlich Wasser aufkochen und salzen. Die Nudeln darin nach Packungsangabe bissfest kochen, dann in ein Sieb abgießen, kalt abschrecken und abkühlen lassen.

2. Inzwischen in einem kleinen Topf die tiefgekühlten Erbsen in wenig Salzwasser bei schwacher bis mittlerer Hitze in ca. 6 Min. zugedeckt garen. Die Erbsen abgießen und kalt abschrecken.

3. Die Petersilie abbrausen und trocken schütteln. Die Blättchen abzupfen und fein hacken. Den Schinken in kleine Würfel schneiden. Die Paprikaschoten abtropfen lassen und ebenfalls klein würfeln. In einer Schüssel die Nudeln mit den Erbsen, den Paprika, der Petersilie und den Schinkenwürfeln mischen.

4. Für das Mayonnaise-Dressing die Mayonnaise nacheinander mit Schmand, Tomatenmark, Worcester-Sauce, Dijon-Senf und Apfelessig glatt rühren. Das Dressing mit Salz, Pfeffer und Cayennepfeffer pikant abschmecken.

5. Die Nudel-Schinken-Mischung mit dem Mayonnaise-Dressing gründlich verrühren und den Salat mindestens 30 Min. durchziehen lassen. Vor dem Servieren noch einmal durchmischen.

GROSSE UND KLEINE VARIANTEN

Für eine Party-Portion einfach alle Zutaten je nach Gästezahl mal 4 oder 5 nehmen. Das reicht dann für mindestens 8–10 Personen.
Statt der Schinkenwürfel kannst du auch mal 1 dickere Scheibe Gouda oder auch Feta-Käse klein würfeln und untermischen.

DIE ERSTAUNLICHSTEN ERKENNTNISSE ÜBER *Frikadellen*

1. **Die Frankenstein-Frikadelle:** Ein Technologieunternehmen in Silicon Valley kreierte aus tierischen Muskelzellen eine Laborfleisch-Frikadelle im Brutkasten.

2. **Die Pflanzen-Frikadelle:** Weil auch Veggies auf den Geschmack einer Frikadelle nicht verzichten wollen, gibt es zahlreiche Ersatzprodukte auf dem Markt. Wie sich diese aber nun nennen dürfen, darüber streiten sich Verbraucher, Verbände und Politiker. Eine Befragung ergab: Wo Frikadelle draufsteht, soll auch Frikadelle drin sein.

3. **Die sexy Frikadelle:** Eine Umfrage der Zeitschrift »Men's Health« kam zu dem Ergebnis, dass 15 % der befragten Männer Frikadellen für das perfekte First-Date-Essen halten.

Deftig de luxe

WEM DAS SCHMECKT, DER MAG AUCH

- die Hackbällchen-Pfanne auf Seite **57**
- die Bratkartoffeln auf Seite **75**

Adriane, Lektorin

Frikadellen gibt es auf der ganzen Welt – als Tsukune in Japan, Keftedes in Griechenland, Köfte in Marokko oder als Albondigas in Mexiko.

40

FRIKADELLEN

SIE HEISSEN AUCH FLEISCHPFLANZERL ODER BULETTEN UND SCHMECKEN AM BESTEN MIT KARTOFFELSALAT

FÜR 4 PERSONEN
ZUBEREITUNGSZEIT CA. 45 MIN.
GARZEIT 25 MIN.
RUHEZEIT 20 MIN.
PRO PORTION CA. 620 KCAL

ZUTATEN

FÜR DEN KARTOFFEL-RUCOLA-SALAT
1 kg festkochende Kartoffeln
Salz | 1/4 TL Kümmelsamen
1 große Zwiebel
4 EL neutrales Pflanzenöl
200 ml Gemüsebrühe (Instant)
1 TL Dijon-Senf
2 EL Weißweinessig
Pfeffer | Zucker
1 Bund Rucola

FÜR DIE FRIKADELLEN
1 Brötchen (vom Vortag)
1 Zwiebel
1/2 Bund Petersilie
4 EL neutrales Pflanzenöl
500 g gemischtes Hackfleisch
1 Ei (Größe L)
1 TL Dijon-Senf
1 TL abgeriebene Bio-Zitronenschale
1 TL Chilipulver
Zimtpulver
Salz | Pfeffer

1. Für den Salat die Kartoffeln waschen und in Salzwasser mit dem Kümmel in ca. 20 Min. weich kochen. Abgießen, eine Weile ausdampfen und abkühlen lassen. Dann die Kartoffeln pellen, in Scheiben schneiden und in eine Schüssel geben. Die Zwiebel schälen und in feine Würfel schneiden.

2. In einem kleinen Topf 2 EL Öl erhitzen und die Zwiebel darin glasig anbraten. Die Brühe mit Senf und Essig verrühren, zu den Zwiebelwürfeln geben und alles unter Rühren erwärmen. Marinade mit Salz, Pfeffer und 1 Prise Zucker würzen, über die Kartoffelscheiben gießen und alles zugedeckt ca. 20 Min. ziehen lassen.

3. Inzwischen für die Frikadellen das Brötchen in Scheiben schneiden und in wenig Wasser einweichen. Die Zwiebel schälen und fein würfeln. Die Petersilie waschen und trocken schütteln, die Blätter abzupfen und fein hacken.

4. In einer kleinen Pfanne 1 EL Öl erhitzen und die Zwiebelwürfel darin bei mittlerer Hitze glasig dünsten. Die Petersilie dazugeben und kurz mitdünsten. Das Hackfleisch in eine Schüssel geben. Das Brötchen gut ausdrücken und mit der Zwiebelmischung, Ei, Senf, Zitronenschale, Chilipulver und 1 kräftigen Prise Zimt zum Hackfleisch geben. Mit Salz und Pfeffer würzen und zu einem glatten Teig verkneten. Falls der Hackteig zu weich ist, noch 1 EL Semmelbrösel unterkneten.

5. Aus dem Teig 8 Frikadellen formen, etwas flach drücken und 5 Min. ruhen lassen. Dann das restliche Öl in einer großen Pfanne erhitzen und die Frikadellen darin bei mittlerer Hitze auf jeder Seite 6–8 Min. braten.

6. Inzwischen den Rucola waschen und trocken schütteln, grobe Stiele entfernen und die Blätter zerzupfen oder in Streifen schneiden. Den Rucola mit 2 EL Öl mischen und unter den Kartoffelsalat heben. Die Frikadellen aus der Pfanne nehmen und mit dem Kartoffel-Rucola-Salat servieren. Sie schmecken warm oder kalt.

41

GEMÜSEPFANNE

VOLL SÜDLICHER LEBENSFREUDE: DIE MEDITERRANE KARTOFFEL-GEMÜSE-PFANNE

FÜR 4 PERSONEN
ZUBEREITUNGSZEIT CA. 30 MIN.
PRO PORTION CA. 405 KCAL

ZUTATEN

800 g kleine neue Kartoffeln
4 EL Olivenöl
1 rote Paprikaschote
200 g kleine grüne Bratpaprika (Pimientos, s. Tipp, ersatzweise grüne Paprikaschoten)
2 junge Zucchini (je ca. 125 g; möglichst gelb und grün)
1 rote Zwiebel
2 Zweige Rosmarin
1 Knoblauchzehe
100 g schwarze Oliven (entsteint)
1 TL getrockneter Oregano
Salz | Pfeffer
100 g Schafskäse (Feta)

1. Die Kartoffeln mit Schale unter fließendem kaltem Wasser sauber bürsten, abtrocknen und längs halbieren. 2 EL Olivenöl in einer großen Pfanne erhitzen. Die Kartoffeln darin bei mittlerer Hitze 10 Min. anbraten, dabei öfter wenden.

2. Inzwischen die Paprikaschote waschen, vierteln, putzen und in 3 cm große Stücke schneiden. Die Pimientos abbrausen, die Stiele etwas kappen. Die Zucchini waschen, putzen und in 1 cm dicke Scheiben schneiden. Die Zwiebel schälen, längs halbieren und in feine Streifen schneiden.

3. Paprikastücke, Pimientos, Zucchinischeiben und Zwiebelstreifen zusammen mit dem restlichen Olivenöl in die Pfanne zu den Kartoffeln geben und unter Wenden bei mittlerer bis starker Hitze 5 Min. mitbraten.

4. Inzwischen den Rosmarin abbrausen, die Nadeln abzupfen und fein hacken. Den Knoblauch schälen und fein würfeln, die Oliven abtropfen lassen. Die Oliven zusammen mit Rosmarin, Oregano und Knoblauch unter die Kartoffel-Gemüse-Mischung rühren. Das Ganze kräftig mit Salz und Pfeffer abschmecken. Den Feta zerbröckeln und auf das Gericht streuen, dieses warm servieren.

PIMIENTOS DE PADRÓN

Die Pimientos sehen aus wie kleine grüne Pfefferschoten. Sie schmecken aber gar nicht scharf, sondern eher süßlich-nussig und können praktischerweise im Ganzen mitsamt den Kernen gegessen werden. Sie kommen ursprünglich aus der spanischen Region Padrón und werden häufig als sogenannte Bratpaprika im Supermarkt angeboten. Unbedingt probieren!

WEM DAS SCHMECKT, DER MAG AUCH

- den Griechischen Salat auf Seite **205**
- den Gemüseauflauf auf Seite **35**

42

CORDON BLEU

EDLE SCHNITZELVARIATION MIT SCHINKEN UND KÄSE

FÜR 4 PERSONEN
ZUBEREITUNGSZEIT CA. 40 MIN.
PRO PORTION CA. 610 KCAL

ZUTATEN

4 dünne Kalbsschnitzel aus der Oberschale (je ca. 150 g)
Salz | weißer Pfeffer
4 dünne Scheiben gekochter Schinken
4 Scheiben Emmentaler
3 EL Mehl
2 Eier (Größe M)
2 EL Sahne oder Milch
75 g Semmelbrösel
2 Bio-Zitronen zum Servieren

AUSSERDEM

Gefrierbeutel
Holz- oder Metallspießchen
ca. 250 g Schweine- oder Butterschmalz zum Braten

1. Die Schnitzel gut trocken tupfen. Die Schnitzel nacheinander in einem Gefrierbeutel oder zwischen zwei Lagen Frischhaltefolie gleichmäßig flach klopfen, bis sie nur noch knapp 1/2 cm dick sind. Die Schnitzel mit Salz und Pfeffer würzen.

2. Für die Füllung die Schinken- und Käsescheiben passend zuschneiden oder falten, sodass sie ringsum nicht über das Fleisch hinausragen. Die Schnitzel zuerst mit den Schinken-, dann mit den Käsescheiben belegen. Die Schnitzel mittig zusammenklappen und die Ränder mit den Spießchen fixieren.

3. Auf einem Teller das Mehl mit Salz und Pfeffer vermischen. In einem zweiten (tiefen) Teller die Eier mit der Sahne oder der Milch mit einer Gabel gut verquirlen. Die Semmelbrösel auf einen dritten Teller geben.

4. Die gefüllten Schnitzel zuerst im Mehl, dann in den Eiern und zuletzt in den Semmelbröseln wenden. Die Panade andrücken und darauf achten, dass auch die Ränder der Fleischtaschen gut eingehüllt sind.

5. Das Schmalz ca. 1 cm hoch in einer großen oder zwei Pfannen nicht zu stark erhitzen. Die gefüllten Schnitzel hineinlegen und von jeder Seite 4–5 Min. goldbraun braten. Herausheben und auf Küchenpapier entfetten.

6. Die Zitronen heiß waschen, abtrocknen und in Spalten schneiden, zu den Schnitzeln servieren. Dazu passen gemischter Blattsalat und Salzkartoffeln, aber auch Kartoffelsalat oder Pommes frites, für die du ein Rezept auf Seite 25 findest.

WEM DAS SCHMECKT, DER MAG AUCH

- das Wiener Schnitzel auf Seite **33**
- die Schnitzel mit Sauce auf Seite **38**

MAL ANDERS: HÄHNCHEN-CORDON-BLEU

Für ein **Hähnchen-Cordon-bleu** 4 Brustfilets vom Maishähnchen (je ca. 200 g) kaufen. Möglichst tiefe Taschen hineinschneiden oder die Filets ganz durchschneiden. Schinken und Taleggio-Käse in die Taschen füllen, das Würzen mit Salz und Pfeffer nicht vergessen. Die Öffnung mit Holzspießchen zustecken und die Filets anschließend wie beschrieben panieren und braten.

43

RISOTTO

REZEPT-IDEEN ZU JEDER JAHRESZEIT – EINFACH KREATIV SEIN

GRÜNER SPARGEL-RISOTTO MIT KRÄUTERN

FÜR 4 PERSONEN
ZUBEREITUNGSZEIT CA. 40 MIN.
PRO PORTION CA. 540 KCAL

ZUTATEN
500 g grüner Spargel | 2 Schalotten
ca. 1,3 l Gemüsebrühe (Instant)
50 g Butter | 350 g Risottoreis
100 ml Weißwein (ersatzweise Gemüsebrühe)
200 g gemischte Kräuter (z. B. Kerbel, Sauerampfer, Petersilie, Dill, Basilikum)
1 Bio-Zitrone | 2 EL Olivenöl
60 g frisch geriebener Parmesan
Salz | Pfeffer
frisch geriebene Muskatnuss

1. Den Spargel waschen und die holzigen Enden entfernen. Die Stangen in 1–2 cm breite Rollen schneiden. Die Schalotten schälen und fein würfeln. Gemüsebrühe kurz aufkochen.

2. Die Butter bei mittlerer Hitze in einem Topf schmelzen, Schalotten darin hellgelb anbraten. Den Reis dazugeben und unter Rühren in ca. 2 Min. glasig dünsten. Mit Wein ablöschen und unter Rühren einkochen.

3. Sobald der Wein fast verdunstet ist, unter häufigem Rühren eine Schöpfkelle heiße Brühe dazugeben. So fortfahren, bis die gesamte Brühe aufgebraucht ist, der Reis bissfest ist und sich eine cremige Konsistenz gebildet hat; das dauert 15–20 Min. Dabei ca. 10 Min. vor Ende der Garzeit noch die Spargelstücke unterrühren.

4. Inzwischen die Kräuter waschen und trocken schütteln, die Blättchen von den Stängeln zupfen und fein hacken. Die Zitrone heiß waschen und ca. 2 Msp. Schale fein abreiben.

5. Parmesan unter den fertigen Risotto rühren, mit Salz, Pfeffer, Muskat und der Zitronenschale würzen. Kurz vorm Servieren die Kräuter unterheben. Die Zitrone in Spalten schneiden und dazu servieren.

HERBSTLICHER WALDPILZ-RISOTTO

FÜR 4 PERSONEN
ZUBEREITUNGSZEIT
CA. 1 STD. 20 MIN.
PRO PORTION CA. 465 KCAL

ZUTATEN

je 125 g frische Steinpilze, braune Champignons und Pfifferlinge
2 Schalotten
1 Knoblauchzehe
1 Bund Petersilie
2 EL Olivenöl
40 g Butter
Salz | weißer Pfeffer
600–700 ml Gemüsebrühe (Instant)
300 g Risottoreis (z. B. Carnaroli)
40 ml trockener Wermut
100 ml Weißwein
50 g frisch geriebener Parmesan

WEM DAS SCHMECKT, DER MAG AUCH

- die Reispfanne mit Lachs auf Seite **58**
- das Hühnerfrikassee mit Reis auf Seite **151**

1. Die Pilze trocken abreiben und putzen, größere Exemplare halbieren. Schalotten und Knoblauch schälen und fein würfeln. Die Petersilie abbrausen und trocken schütteln, von dickeren Stängeln befreien und hacken.

2. In einer Pfanne 1 EL Olivenöl zusammen mit der Hälfte der Butter erhitzen. Die Pilze dazugeben und bei starker Hitze unter Rühren 2–3 Min. braten. Knoblauch dazugeben, weitere 2–3 Min. braten, bis alle ausgetretene Flüssigkeit verdampft ist. Mit Salz und Pfeffer würzen und beiseitestellen.

3. Die Gemüsebrühe aufkochen. In einem Topf restliches Öl und restliche Butter erhitzen, die Schalotten darin glasig dünsten. Reis dazugeben, unter Rühren glasig werden lassen, den Wermut und den Wein dazugeben. Aufkochen und unter Rühren sanft kochen, bis der Wein nahezu verdampft ist.

4. Schöpflöffelweise die heiße Brühe zum Reis geben und immer so lange kochen, bis dieser die Flüssigkeit aufgenommen hat. Nach 15–20 Min. sollte der Risotto gar sein, aber noch etwas Biss haben. Dann die Pilze unterheben und nochmals abschmecken. Den Parmesan unterheben, die Petersilie daraufstreuen und den Risotto servieren.

DIE SPANNENDSTEN LEGENDEN ÜBER *Kaiserschmarrn*

Zahlreiche Legenden wollen verraten, woher der österreichische Klassiker seinen Namen hat. Jeder ist sich aber einig, dass Kaiser Franz Joseph I. irgendwie darin verwickelt war.

a) Kaiser Franz Josephs Frau Sisi war stets auf Diät. Als der Koch ihr eine Speise aus Eiern, Zucker, Milch und Mehl servierte, lehnte sie ab. Da sagte der Kaiser: »Gebt's her, den Schmarrn (Unsinn).«

b) Ein Palatschinken geriet dem kaiserlichen Koch zu dick und zerriss. Das misslungene Gericht bezeichnete der Kaiser als »Schmarrn«.

c) Als sich der Kaiser auf einer Almhütte stärkte, bekam er dort den »Casaschmarrn« (Mehlspeise des Hauses) serviert. Franz Joseph verstand den Namen falsch und machte daraus den »Kaiserschmarrn«.

Hüttengaudi – Jippie!

WEM DAS SCHMECKT, DER MAG AUCH

- die Pfannkuchen auf Seite **16**
- das Tiramisu auf Seite **167**

Jennifer, GU-Leserservice

Wir werden oft gefragt, ob es eine Zubereitung gibt, die den Kaiserschmarrn extra fluffig macht. Mit diesem Rezept lüften wir das Geheimnis!

44

KAISERSCHMARRN

UNSERE EDEL-VARIANTE: KAISERSCHMARRN MIT KARAMELLMANDELN UND APFELRÖSTER

FÜR 2 PERSONEN
(ALS HAUPTGERICHT)
ZUBEREITUNGSZEIT CA. 45 MIN.
PRO PORTION CA. 800 KCAL

ZUTATEN

FÜR DEN APFELRÖSTER
350 g säuerliche Äpfel
2 EL Zitronensaft
2–3 EL brauner Zucker (am besten Muscovadozucker)
100 ml Cidre oder Apfelsaft
1 Prise Zimtpulver
1 Prise gemahlener Kardamom
1 Msp. frisch geriebener Ingwer

FÜR DIE MANDELN
2 1/2 EL brauner Zucker
2 EL Mandelblättchen

FÜR DEN KAISERSCHMARRN
3 Eier (Größe M)
Salz | 1 EL Puderzucker
150 ml Milch (3,5 % Fett)
70 g Weizenmehl (am besten Instant-Mehl)
50 g Butter

AUSSERDEM
Backpapier
Puderzucker zum Bestäuben

1. Die Äpfel schälen, vierteln und entkernen, das Fruchtfleisch würfeln, dann mit Zitronensaft beträufeln, damit es nicht braun anläuft.

2. In einem Topf bei mittlerer bis starker Hitze 2 EL braunen Zucker schmelzen, dann die Hitze reduzieren. Die Apfelwürfel einrühren und karamellisieren. Alles mit dem Cidre oder Apfelsaft ablöschen und bei kleinster Hitze ca. 10 Min. offen garen, jedoch ohne dass die Apfelstücke zerfallen. Den Apfelröster mit Zimt, Kardamom und Ingwer würzen, eventuell etwas nachsüßen, dann beiseitestellen.

3. Für die Karamellmandeln ein Stück Backpapier auf die Arbeitsfläche legen. In einem Pfännchen bei mittlerer bis starker Hitze den braunen Zucker schmelzen. Dann die Hitze reduzieren und die Mandelblättchen einrühren. Diese unter Rühren karamellisieren, dann auf das Backpapier geben und abkühlen lassen. Größere zusammenhängende Stücke kleiner brechen oder mit einem Messer zerkleinern.

4. Die Eier trennen. Mit dem Schneebesen oder elektrischen Handrührgerät die Eiweiße zusammen mit 1 Prise Salz steif schlagen, den Eischnee kühl stellen. Die Eigelbe zusammen mit dem Puderzucker, der Milch und dem Mehl mindestens 5 Min. hellcremig aufschlagen. Dann den Eischnee darunterheben.

5. In einer Pfanne, am besten einer eisernen, die Butter erhitzen. Den Eierteig einfüllen und von einer Seite braun und knusprig backen. Dann den Pfannkuchen wenden und mit zwei Gabeln grob in Stücke zerpflücken. Diese in ca. 1 Min. goldgelb bis hellbraun fertig braten und dabei laufend wenden. Auf keinen Fall zu lange backen; sonst werden sie zäh.

6. Den fertigen Kaiserschmarrn auf Teller verteilen (für 2 Personen als Hauptgericht oder für 4 Personen als Nachtisch) und jeweils mit 1/2 TL Puderzucker bestäuben. Die karamellisierten Mandeln auf die Portionen streuen und den Apfelröster dazugeben. Heiß servieren.

45

NUDELN MIT SHRIMPS

SCHNELLER GEHT'S KAUM: SHRIMPS-PASTA AUS DEM WOK

FÜR 2 PERSONEN
ZUBEREITUNGSZEIT CA. 20 MIN.
PRO PORTION CA. 690 KCAL

ZUTATEN
250 g Spaghetti (ersatzweise auch andere Nudeln)
Salz | 3 Frühlingszwiebeln
2 Knoblauchzehen
1 Handvoll Basilikumblättchen
1 EL Olivenöl
1 Pck. TK-Shrimps (200 g, küchenfertig)
2 EL Butter
50 ml Gemüsebrühe (Instant)
3 EL frisch gepresster Limettensaft
2–3 Msp. Sambal Oelek

AUSSERDEM
Wok oder hohe Pfanne

WEM DAS SCHMECKT, DER MAG AUCH

die Knoblauchgarnelen auf Seite **137**

die Paella auf Seite **203**

1. Für die Nudeln in einem mittelgroßen Topf reichlich Wasser zum Kochen bringen und salzen. Die Nudeln darin nach Packungsanweisung bissfest garen. Dann in ein Sieb abgießen und kurz abtropfen lassen; sie sollten nicht kalt werden.

2. Inzwischen die Frühlingszwiebeln waschen, putzen und quer in feine Ringe schneiden. Die Knoblauchzehen schälen und durch die Presse drücken oder fein hacken. Basilikumblättchen in feine Streifen schneiden.

3. Das Olivenöl in einer großen, hochwandigen Pfanne oder in einem Wok erhitzen. Den Knoblauch, die Frühlingszwiebelringe und die Basilikumstreifen darin bei mittlerer Hitze 2–3 Min. unter Rühren anbraten.

4. Die Shrimps in ein Sieb geben, mit kaltem Wasser abbrausen und abtropfen lassen. Shrimps und Butter mit in die Pfanne geben und alles zusammen weitere 3–4 Min. unter Rühren braten. Gemüsebrühe und Limettensaft angießen, mit Salz und Sambal Oelek kräftig würzen, 4–5 Min. bei kleiner Hitze sanft kochen.

5. Die noch warmen Nudeln untermischen, die Shrimps-Pasta noch einmal mit Salz und Sambal Oelek abschmecken, gleich servieren.

GLEICH ODER ANDERS?

Shrimps, Gambas, Langustinos, Crevetten und Garnelen – sie sehen alle ähnlich aus, aber sind sie wirklich das Gleiche? Garnelen, Shrimps und Krabben sind die gleichen Tierchen und unterscheiden sich höchstens der Größe nach. Die größten unter ihnen werden auch Riesengarnelen, King Prawns oder Tigergarnelen genannt. Scampi oder Langustinos sind dagegen mit dem Hummer verwandt, denn sie haben kleine Scheren statt Fühler.
Sie alle halten sich nicht lange, deshalb rohe Garnelen und Scampi zu Hause sofort in einer abgedeckten Schüssel auf das Gemüsefach im Kühlschrank stellen und noch am selben, allerspätestens am nächsten Tag zubereiten. Nicht mehr einfrieren, da sie fast immer schon eingefroren waren.

Das Interessanteste über unser Essverhalten

WAS ESSEN DIE DEUTSCHEN IN DER MITTAGSPAUSE, WIE OFT WIRD IN ÖSTERREICH SELBST GEKOCHT UND WORÜBER STREITEN SICH MANN UND FRAU IN DER KÜCHE AM HÄUFIGSTEN? WIR LEGEN ZAHLEN UND FAKTEN FÜR DICH AUF DEN TISCH. DAS HIER IST JA MAL WIEDER TYPISCH …!

WAS DIE DEUTSCHEN AM LIEBSTEN MÖGEN

53 % Fleisch

38 % Nudeln

20 % Gemüsegerichte

16 % Fischgerichte

15 % Suppen

14 % Kartoffelgerichte

13 % Pizza

13 % Geflügelgerichte

Das essen Deutsche in der Mittagspause

57 % nehmen Essen von zu Hause mit

21 % essen in der Kantine

18 % essen gar nicht

15 % kaufen Essen beim Bäcker oder Imbiss

5 % essen im Restaurant

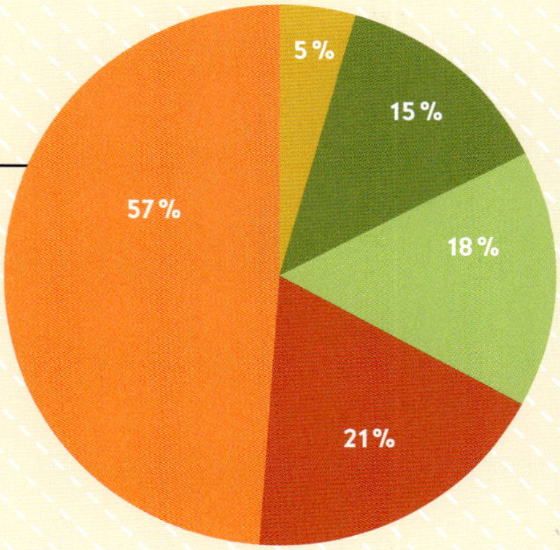

Hallo, wach!

Offenbar hat der Kaffeekonsum in **Deutschland** etwas mit dem Alter zu tun. Je älter die Deutschen sind, desto häufiger trinken sie den **Wachmacher täglich** – 97 % der über 60-Jährigen.

Vorsicht, Streitpotenzial!

Chaos in der Küche sorgt für Konflikte: Laut Befragungen streiten sich Paare im Haushalt am häufigsten über stehen gelassene Teller, den unerledigten Abwasch und einen übervollen Mülleimer.

ALPINE KOCHLUST

Eine Studie ergab, dass sich in **Österreich** immer mehr **Männer** für das Kochen interessieren. Generell verbringen die Österreicher gerne Zeit in der Küche. Durchschnittlich wird 6,7 Mal pro Woche selbst gekocht, also fast täglich.

So genießt der Eidgenosse heute

Für die Zubereitung seiner Mahlzeit wendet der **typische Schweizer** 38 Minuten auf. Allerdings isst er mittags eh am liebsten **auswärts**. Abends kochen sich vor allem die 18- bis 34-Jährigen zu Hause etwas Warmes.

Quellenangabe: siehe Impressum. Mehrfachnennungen möglich.

46

QUICHE

HERZHAFTES AUS DEM OFEN: BUNTE MÖHREN-QUICHE

FÜR 1 SPRINGFORM (26 CM Ø)
ZUBEREITUNGSZEIT CA. 20 MIN.
BACKZEIT 30 MIN.
PRO PORTION CA. 570 KCAL
(BEI 4 PERSONEN)

ZUTATEN

FÜR DEN TEIG
200 g Dinkelmehl (ersatzweise Weizenvollkornmehl)
100 g Butter | 4 EL Milch (3,5 % Fett)
Salz

FÜR DEN BELAG
250 g Möhren | 250 g Pastinaken
1 EL neutrales Pflanzenöl
1 Knoblauchzehe
1 Stück frischer Ingwer (ca. 3 cm)
100 g Sahne
2 Eier (Größe M)
Salz | 1/2 TL Currypulver

AUSSERDEM
Butter für die Form
Mehl zum Arbeiten

1. Den Backofen auf 200° vorheizen. Mehl, Butter, Milch und 1 Msp. Salz in eine Rührschüssel geben und mit den Knethaken des Handrührgeräts zu einem kompakten Teig verkneten. Die Springform mit Butter leicht einfetten.

2. Den Mürbeteig auf der bemehlten Arbeitsfläche zu einem Kreis mit ca. 30 cm Ø ausrollen und die Form damit auskleiden, dabei ringsum einen ca. 2 cm hohen Rand hochziehen. Den Teigboden mit einer Gabel mehrmals einstechen. Den Teig im vorgeheizten Backofen (Mitte) 15 Min. vorbacken.

3. Inzwischen für den Belag die Möhren putzen, schälen und schräg in Scheiben schneiden. Die Pastinaken putzen, schälen, längs halbieren und quer in dünne Scheiben schneiden. Das Öl in einer Pfanne erhitzen und die Gemüsescheiben darin bei mittlerer Hitze in 7–10 Min. garen. Den Knoblauch schälen, durch die Knoblauchpresse drücken und zum Gemüse in die Pfanne geben. Den Ingwer schälen, reiben und ebenfalls zum Gemüse geben.

4. Den vorgebackenen Boden aus dem Ofen holen. Das gegarte Gemüse auf dem Teigboden verteilen und schuppenförmig anordnen. Dabei darauf achten, dass das Gemüse nicht zu feucht ist, sonst weicht der Boden durch.

5. Die Sahne mit den Eiern verquirlen. Den Guss mit Salz und Curry würzen und gleichmäßig auf dem Gemüse verteilen. Die Quiche erneut in den Ofen schieben und weitere 15 Min. backen, bis der Guss gestockt und die Quiche leicht gebräunt ist. Die fertige Quiche aus dem Backofen nehmen, 10 Min. ruhen lassen, dann in Stücke schneiden und servieren. Schmeckt warm und auch kalt.

WEM DAS SCHMECKT, DER MAG AUCH

- den Gemüseauflauf auf Seite **35**
- den Flammkuchen auf Seite **159**

FANTASIE GEFRAGT

Den Gemüsebelag kann man nach Lust, Laune und Saison wunderbar variieren, zum Beispiel mit Brokkoli, Paprika und Tomaten. Genauso gut eignen sich dafür Zucchini oder Spargel. Härtere Gemüsesorten ein paar Minuten vorgaren.

DIESE DINGE WÜRDE EIN ECHTER *Italiener* NIEMALS TUN

So locker die Italiener sonst auch sein mögen, wenn es ums Essen geht, bestehen sie auf feste Regeln. »Non si fa« (das gehört sich nicht), heißt es in folgenden Fällen:

1. **Spaghetti mit dem Löffel essen:** In Bella Italia wird dazu ausschließlich eine Gabel zur Hand genommen.
2. **Fisch und Käse kombinieren:** Eine Pasta mit Lachs oder Meeresfrüchten toppt der Italiener nie mit Parmesan – das passt für ihn ganz und gar nicht zusammen.
3. **Carbonara mit Sahne zubereiten:** Die Grundzutaten der authentischen Sauce sind Eier, Speck und Käse. Nur hierzulande wird das Gericht zusätzlich auch gerne mal mit Sahne verfeinert.

Vorsicht, Fettnäpfchen

WEM DAS SCHMECKT, DER MAG AUCH

- die Käsespätzle auf Seite **37**
- die Nudeln mit Lachs auf Seite **71**

Stephanie, Verlagsleiterin »Kochen und Verwöhnen«

Italienische Kochbücher gehören zu unseren erfolgreichsten. Allein Die echte italienische Küche *verkaufte sich über eine Million Mal.*

47

NUDELN MIT KÄSESAUCE

CREMIGE SAUCE MIT VIEL GESCHMACK:
PASTA QUATTRO FORMAGGI

FÜR 4 PERSONEN
ZUBEREITUNGSZEIT CA. 20 MIN.
PRO PORTION CA. 335 KCAL

ZUTATEN
500 g Nudeln (z. B. Tagliatelle, Penne oder Tortellini)
Salz | 1 rote Zwiebel
2 Knoblauchzehen
2 Zweige Salbei
3 EL Butter
1 EL Mehl
300 ml Milch (3,5 % Fett)
40 g Parmesan (am Stück)
100 g Greyerzer (am Stück)
60 g Gorgonzola
50 g Frischkäse
frisch geriebene Muskatnuss
Pfeffer
Zucker
Rotweinessig

1. In einem großen Topf für die Nudeln reichlich Wasser zum Kochen bringen und salzen. Die Nudeln darin nach Packungsanweisung bissfest garen.

2. Die Zwiebel und den Knoblauch schälen und in feine Würfel schneiden. Den Salbei waschen und trocken schütteln, die Blätter abzupfen und fein hacken. Die Butter in einem kleinen Topf zerlassen, Zwiebel, Knoblauch und Salbei darin anbraten. Das Mehl darüberstäuben und kurz mit anschwitzen. Nach und nach die Milch unter Rühren dazugießen und die Sauce ca. 8 Min. sanft einkochen.

3. Inzwischen den Parmesan und den Greyerzer reiben. Den Gorgonzola klein schneiden. Die vorbereiteten Käsesorten bei schwacher Hitze mit dem Frischkäse unter Rühren in der Mehlschwitze schmelzen.

4. Die Käsesauce mit Muskatnuss würzen und mit Salz, Pfeffer, 1 Prise Zucker sowie einigen Tropfen Essig abschmecken. Nach Belieben noch etwas Milch dazugießen, wenn die Sauce zu dickflüssig ist.

5. Die frisch gekochten Nudeln in ein Sieb abgießen und kurz abtropfen lassen. Die Nudeln auf die Teller verteilen und die Sauce rüber die Portionen gießen. Nach Belieben Pfeffer grob darübermahlen.

BELIEBT IST, WAS SCHMECKT

Du kannst je nach Lust und Vorrat die Käsesorten beliebig variieren. Wer es beispielsweise herzhaft liebt, ersetzt den Greyerzer durch Appenzeller oder den Gorgonzola durch Roquefort. Wem mildere Saucen lieber sind, der verwendet am besten Emmentaler oder Taleggio.

48

KARTOFFELSUPPE

DER HIT UNTER DEN DICKEN SUPPEN: DIE KARTOFFELSUPPE MIT WÜRSTCHEN

FÜR 4 PERSONEN
ZUBEREITUNGSZEIT CA. 1 STD.
PRO PORTION CA. 620 KCAL

ZUTATEN

1 große Zwiebel
1 kleine Stange Lauch
600 g mehligkochende Kartoffeln
2–3 Möhren (ca. 200 g)
1 Stück Knollensellerie (ca. 150 g)
2 EL Butter
1 1/4 l kräftige Rinder- oder Gemüsebrühe (Instant)
1 Lorbeerblatt
Salz | Pfeffer
frisch geriebene Muskatnuss
100 g Sahne
4 Wiener Würstchen
1/2 Bund Petersilie

1. Die Zwiebel schälen und in Würfel schneiden. Den Lauch putzen, der Länge nach aufschlitzen und gründlich waschen, dann quer in schmale Ringe schneiden. Kartoffeln, Möhren und Sellerie putzen, schälen und grob würfeln.

2. Die Butter in einem großen Topf zerlassen und die Zwiebelwürfel darin goldgelb anbraten. Die Möhren- und Selleriewürfel dazugeben und unter Rühren ca. 2 Min. mitdünsten. Die Brühe dazugießen; Lauch, Kartoffelwürfel und das Lorbeerblatt hinzufügen, alles mit Salz, Pfeffer und Muskatnuss würzen und aufkochen. Die Suppe bei kleiner Hitze zugedeckt ca. 25 Min. sanft kochen.

3. Das Lorbeerblatt entfernen. Zwei Kellen Gemüse aus dem Topf nehmen und den Topfinhalt mit dem Pürierstab pürieren. Danach die Gemüsestücke wieder unterrühren. Wer die Suppe sehr fein und cremig mag, püriert die ganze Suppe. Die Sahne unterrühren, die Suppe mit Salz, Pfeffer und Muskatnuss abschmecken.

4. In einem Topf Wasser erhitzen, die Würstchen hineingeben und in ca. 5 Min. erwärmen. Die Würstchen herausnehmen und in die heiße Suppe geben. Wer gleich Wurstscheiben in der Suppe haben möchte, braucht die Würstchen nicht eigens zu erhitzen, sondern schneidet sie in Scheiben und erwärmt sie in der Suppe. Die Petersilie waschen, trocken schütteln, die Blättchen abzupfen und fein hacken. Die Suppe mit Petersilie bestreut servieren.

WEM DAS SCHMECKT, DER MAG AUCH

die Linsensuppe auf Seite **199**

die Linsen und Spätzle auf Seite **124**

WIE HÄTTEST DU'S DENN GERNE?

Magst du die Kartoffelsuppe super cremig oder lieber etwas rustikaler, also mit Stücken drin? Das Pürieren mit dem Pürierstab sorgt für eine sehr glatte Konsistenz. Früher drehte man die Suppe durch die sogenannte Flotte Lotte, eine Passiermühle. Dabei bleibt die Suppe etwas stückiger.

49

OBSTKUCHEN

EIN HINGUCKER AUF DEINER KAFFEETAFEL: BEEREN-MINIS

FÜR 12 STÜCK
ZUBEREITUNGSZEIT CA. 1 STD.
BACKZEIT 20 MIN.
PRO STÜCK CA. 470 KCAL

ZUTATEN
50 g Butter | 3 Eier (Größe M)
Salz | 90 g Zucker
90 g Mehl

FÜR DEN BELAG
750 g gemischte Beeren (z. B. Erdbeeren, Himbeeren, Heidelbeeren, Brombeeren)
1 Pck. Vanillezucker
150 g Doppelrahmfrischkäse
100 g Joghurt (3,5 % Fett)
1 EL Zitronensaft
2 EL Puderzucker
40 g gemahlene Pistazien
250 ml roter Fruchtsaft
2 EL Zucker
1 Pck. klarer Tortenguss

AUSSERDEM
12 Mini-Kuchenförmchen

WEM DAS SCHMECKT, DER MAG AUCH

- den Erdbeerkuchen auf Seite **87**
- die Schwarzwälder Kirschtorte auf Seite **215**

1. Den Backofen auf 180° vorheizen. Die Förmchen auf ein Backblech stellen. In einem Töpfchen die Butter bei schwacher Hitze schmelzen.

2. Für den Teig die Eier mit 1 Prise Salz und Zucker in ca. 6 Min. hellcremig aufschlagen. Das Mehl darübersieben, die geschmolzene Butter dazugießen und alles locker vermischen. Den Teig gleichmäßig auf die Förmchen verteilen und im heißen Ofen (Mitte) ca. 20 Min. backen. Die Kuchen herausnehmen und ca. 10 Min. abkühlen lassen, danach aus den Förmchen lösen.

3. Für den Belag die Beeren putzen oder verlesen, bei Bedarf kurz abspülen und trocken tupfen. Die Beeren mit dem Vanillezucker vermischen. Frischkäse, Joghurt, Zitronensaft und Puderzucker verrühren. Die Pistazien unter die Creme heben.

4. Die Kuchen auf eine Platte legen, mit der Pistaziencreme bestreichen und mit den Beeren belegen. Fruchtsaft und Zucker sowie das Tortengusspulver in einem Topf verrühren und nach Packungsangabe den Guss kochen. Die Törtchen damit überziehen und bis zum Servieren kühlen.

SCHNELL GEZAUBERT

Flugs einen Teig gerührt, ab in die Förmchen und – Simsalabim – schon stehen zwölf duftende Minikuchen auf dem Tisch. Da kannst du ganz spontan Freunde zum Kaffee einladen, die Kollegen im Büro verwöhnen – oder die kleinen Leckerbissen zwischendurch einfach selbst genießen.
Die Sommerbeeren mit Biskuit und leichter Joghurt-Pistazien-Creme – diese Kombination schmeckt einfach himmlisch! Je nach Saison kannst du die Törtchen statt mit Beeren auch mit anderen Früchten belegen, zum Beispiel mit Kirschen, Nektarinen, Aprikosen oder Mangos. Was auf dem Markt eben gerade da ist!

50

HÄHNCHENPFANNE

ZIEMLICH LECKER: BALSAMICOHÄHNCHEN AUF BUNTEM PFANNENGEMÜSE

FÜR 2 PERSONEN
ZUBEREITUNGSZEIT CA. 30 MIN.
PRO PORTION CA. 300 KCAL

ZUTATEN
300 g Hähnchenbrustfilet
250 g grüner Spargel
1 Möhre
100 g Brokkoli
50 g Kirschtomaten
2 TL Olivenöl
Salz | Pfeffer
1 EL Aceto balsamico
1 EL Honig
50 ml Gemüsebrühe (Instant)
1/2 Bund Basilikum

WEM DAS SCHMECKT, DER MAG AUCH

- die Kartoffel-Gemüse-Pfanne auf Seite **99**
- die Hackfleischpfanne auf Seite **57**

1. Die Hähnchenbrust abbrausen, trocken tupfen und quer in ca. 1 cm breite Streifen schneiden. Den Spargel waschen und holzige Enden abschneiden. Die Stangen schräg in 5 cm lange Stücke schneiden. Die Möhre schälen, längs vierteln und ebenfalls schräg in 5 cm lange Stücke schneiden. Den Brokkoli waschen, putzen und in kleine Röschen teilen. Die Kirschtomaten waschen und halbieren.

2. In einer beschichteten Pfanne 1 TL Olivenöl erhitzen. Die Hähnchenfiletstreifen mit Salz und Pfeffer würzen, dann in die Pfanne geben und 2–3 Min. bei starker Hitze rundherum anbraten. Mit dem Balsamico ablöschen, Honig dazugeben, gut durchrühren, aus der Pfanne auf einen Teller geben.

3. Die Pfanne auswischen und das restliche Olivenöl darin erhitzen. Spargel- und Möhrenstücke in die Pfanne geben und 1 Min. bei mittlerer Hitze anbraten. Den Brokkoli dazugeben und alles noch 1 Min. anbraten. Mit der Brühe aufgießen und das Gemüse zugedeckt 5 Min. garen, bis die Brühe fast vollständig eingekocht ist.

4. Das Basilikum abbrausen und trocken schütteln, die Blättchen von den Stängeln zupfen und in feine Streifen schneiden. Zusammen mit den Kirschtomaten zum Gemüse in die Pfanne geben und kurz durchrühren. Die Hähnchenfiletstreifen mit dem Bratensaft dazugeben, kurz durchschwenken und in 1 Min. warm werden lassen. Mit Salz und Pfeffer abschmecken, auf Teller verteilen und servieren.

DER FATBURNER: GRÜNER SPARGEL

Grüner Spargel ist das perfekte Gemüse für alle, die eine gute Figur haben wollen. Die schlanken Stangen sind sehr kalorienarm. Stell dir vor: In 100 g stecken gerade einmal ca. 15 kcal – damit wird dein Kalorienkonto so gut wie gar nicht aufgefüllt. Spargel enthält außerdem viele Ballaststoffe sowie reichlich Vitamin C, Kalzium und Eisen. So unterstützt er sogar beim Fettverbrennen. Greif gerne zu! Natürlich ist auch weißer Spargel ein echter Schlankmacher.

DAS BELIEBTESTE *Kantinenessen* DER DEUTSCHEN

Jedes Jahr veröffentlicht das Unternehmen »apetito catering« eine Hitliste mit den beliebtesten Kantinenmahlzeiten der Deutschen. Seit über 20 Jahren steht die Currywurst auf Platz 1!

Platz 1: Currywurst

Platz 2: Gegrillter Seelachs

Platz 3: Spaghetti bolognese

Platz 4: Köttbullar

Platz 5: Jägerschnitzel

Eine Extrawurst, bitte!

WEM DAS SCHMECKT, DER MAG AUCH

- den Hamburger auf Seite **79**
- den Döner auf Seite **161**

Viola, Autorin

Beweise für die Currywurstliebe der Deutschen: In Berlin steht das Deutsche Currywurst Museum, und 2011 gab es sogar eine Wurst-Briefmarke.

51

CURRYWURST

ALTE FREUNDE SIND UNERSETZLICH: DIE GUTE ALTE CURRYWURST

FÜR 4 PERSONEN
ZUBEREITUNGSZEIT CA. 20 MIN.
PRO PORTION CA. 545 KCAL

ZUTATEN
1 Knoblauchzehe
3 EL Sonnenblumenöl
2 EL scharfes Currypulver
100 g Tomatenmark
400 g pürierte Tomaten (Fertigprodukt)
250 ml Ananassaft
3 EL Weißweinessig
1 Sternanis
1 Gewürznelke
1 Lorbeerblatt
4 leicht geräucherte, gepökelte Brühwürste (nach Belieben nur Schweinefleisch oder mit Rindfleischanteil)
Salz

AUSSERDEM
Weißbrot zum Servieren

1. Für die Sauce den Knoblauch schälen und durch die Presse drücken. In einem breiten Topf 1 EL Öl erhitzen und den Knoblauch darin kurz braten, aber nicht bräunen. Das Currypulver und Tomatenmark dazugeben und kurz mitrösten.

2. Dann die pürierten Tomaten, den Ananassaft und den Essig sowie die Gewürze mit in den Topf geben. Alles aufkochen und offen bei mittlerer Hitze in ca. 8 Min. sämig einkochen, dabei ab und zu umrühren.

3. Inzwischen das restliche Öl in einer großen beschichteten Pfanne erhitzen. Darin die Brühwürste rundherum bei mittlerer bis starker Hitze in 5–8 Min. kräftig braun braten. Dann in der Pfanne warm halten.

4. Sternanis, Nelke und Lorbeerblatt aus der Sauce nehmen und die Sauce mit Salz abschmecken. Die Würste auf vier Teller geben und in dicke Stücke schneiden, die Sauce darüber verteilen. Gleich mit Brot servieren.

5. Wenn der Fastfood-Heißhunger richtig groß ist, gibt's zur Currywurst natürlich herrlich knusprige Pommes frites anstatt einfach nur Weißbrot. Wie du die goldbraunen Kartoffelstäbchen selber machen kannst? Einfach Seite 25 aufschlagen!

CURRYWURST IM INTERNET

Es gibt im Internet alles – auch alle Sorten von Currywurst, die man sich dort zum Selbermachen bestellen kann: Currywurst ohne Pelle, Currywurst mit Pelle aus Kreuzberg, aus Friedrichshain oder aus Spandau. Und nicht zu vergessen eine echt Berliner Veggie-Currywurst. Dazu natürlich Saucen in mehreren Schärfegraden, und zwar alle echt aus Berlin, dem Ursprungsort der Currywurst!

52

KÄSEKUCHEN

FRISCH GEBACKEN AUF KNUSPRIGEM MÜRBETEIG – EIN GENUSS

FÜR 1 SPRINGFORM (28–30 CM Ø)
ZUBEREITUNGSZEIT CA. 30 MIN.
KÜHLZEIT 30 MIN.
BACKZEIT 1 STD. 5 MIN.
PRO STÜCK CA. 465 KCAL
(BEI 12 STÜCKEN)

ZUTATEN

FÜR DEN MÜRBETEIG
300 g Mehl
100 g Zucker
Salz
1 Ei (Größe M)
200 g kalte Butter

FÜR DIE QUARKMASSE
1 Bio-Zitrone
5 Eier (Größe M)
750 g Magerquark
200 g Sahne
150 g Zucker
1 Pck. Vanillepudding-
pulver zum Kochen
35 g Speisestärke
2 EL Rosinen (nach Belieben)

AUSSERDEM
Mehl zum Arbeiten
Butter für die Form
Backpapier
Puderzucker zum Bestäuben
(nach Belieben)

1. Für den Mürbeteig das Mehl auf die Arbeitsfläche häufen und in die Mitte eine Mulde hineindrücken. Den Zucker zusammen mit 1 Prise Salz und dem Ei hineingeben, die Butter in Flöckchen auf dem Rand verteilen. Alle Zutaten vom Rand aus rasch zu einem geschmeidigen Teig verkneten. Den Teig in Folie wickeln, etwas flach drücken und 30 Min. kalt stellen.

2. Für die Quarkmasse die Zitrone heiß abwaschen und abtrocknen, die Schale fein abreiben und 2 EL Saft auspressen. Die Eier trennen. Die Eigelbe mit Quark, Sahne, 75 g Zucker, Zitronenschale und Zitronensaft, Puddingpulver und Speisestärke verrühren. Die Eiweiße mit dem restlichen Zucker dickcremig schlagen und behutsam unter die Quarkmasse heben.

3. Den Backofen auf 200° vorheizen. Den Mürbeteig auf wenig Mehl etwas größer als die Form ausrollen. Die Springform einfetten und mit dem Teig auskleiden, dabei einen Rand hochziehen. Den Teigboden mit einer Gabel mehrmals einstechen und nach Belieben mit den Rosinen bestreuen. Die Käsemasse daraufgeben.

4. Den Kuchen im Ofen (unten) 20 Min. backen, dann auf 170° zurückschalten. Mit einem Messer den Kuchen zwischen Füllung und Teigrand einschneiden, damit er gleichmäßig aufgehen kann. Den Kuchen in ca. 45 Min. zu Ende backen. Falls er zu stark bräunt, mit Backpapier abdecken.

5. Den Kuchen aus dem Backofen nehmen und vor dem Anschneiden auf einem Kuchengitter auskühlen lassen. Nach Belieben mit Puderzucker bestäuben.

MIT FRUCHTIGER SAUCE?

Probier doch mal, den Käsekuchen mit einer fruchtigen Sauce zu servieren. Dafür 300 g TK-Himbeeren, 150 g Zucker, 2 EL Speisestärke, 2 Pck. Vanillezucker und 70 ml Aceto balsamico bianco in einem kleinen Topf verrühren. Langsam erhitzen und unter Rühren 1–2 Min. köcheln, dann etwas abkühlen lassen. Durch ein Sieb streichen und die Sauce vollständig auskühlen lassen.

53

LINSEN UND SPÄTZLE

VON DEN SCHWABEN UNTER UNSEREN LESERN WÄRMSTENS EMPFOHLEN

FÜR 4 PERSONEN
ZUBEREITUNGSZEIT
CA. 1 STD. 45 MIN.
PRO PORTION CA. 1070 KCAL

ZUTATEN

FÜR DIE LINSEN
1 Zwiebel
2 EL Butter
250 g braune Linsen
200 g magerer geräucherter Bauchspeck am Stück
1 Lorbeerblatt
1 Stange Lauch
150 g Knollensellerie
2 Möhren
2 EL Mehl
4–6 EL Rotweinessig
Salz | Pfeffer

FÜR DIE SPÄTZLE
Salz | 250 g Mehl
2 TL neutrales Pflanzenöl
2 Eier (Größe M)

AUSSERDEM
Spätzlepresse
1/2 Bund Petersilie
4 Wiener Würstchen

1. Für die Linsen die Zwiebel schälen und in feine Würfel schneiden. Die Butter in einem großen Topf erhitzen und die Zwiebelwürfel darin glasig dünsten. Die Linsen kurz in kaltem Wasser waschen und in einem Sieb abtropfen lassen, dann mit in den Topf geben. Wasser aufgießen, bis alles bedeckt ist. Den Speck und das Lorbeerblatt dazugeben, alles aufkochen und 20 Min. leise köcheln lassen.

2. In der Zwischenzeit den Lauch putzen und der Länge nach aufschlitzen, dann gründlich waschen und in schmale Ringe schneiden. Den Sellerie und die Möhren schälen und in kleine Würfel schneiden. Lauchringe sowie Sellerie- und Möhrenwürfel zu den Linsen geben und alles weitere 15–20 Min. sanft kochen. Gegen Ende der Garzeit das Mehl mit etwas Wasser verrühren und das Linsengemüse damit binden. Mit Essig, Salz und Pfeffer kräftig säuerlich abschmecken.

3. Inzwischen für die Spätzle in einem großen Topf reichlich Salzwasser aufkochen. Für den Teig Mehl, Öl, 1 TL Salz, Eier und ca. 125 ml lauwarmes Wasser in eine Rührschüssel geben und mit einem Holzlöffel oder mit den Knethaken des Handrührers kräftig verrühren. So lange schlagen, bis der Teig Blasen wirft.

4. Den Teig portionsweise in eine Spätzlepresse geben und ins kochende Wasser drücken. Sobald die Spätzle an die Oberfläche steigen, mit einer Schaumkelle herausnehmen, in ein Sieb geben und kalt abspülen. Abtropfen lassen, in eine Schüssel geben, mit etwas Wasser besprenkeln und im Backofen bei 50° zugedeckt warm halten. So fortfahren, bis der ganze Teig aufgebraucht ist.

5. Die Petersilie waschen und trocken schütteln, die Blättchen abzupfen, fein hacken und unter die Linsen rühren. Die Wiener Würstchen in heißem, aber nicht kochendem Wasser ca. 5 Min. erhitzen. Herausnehmen, abtropfen lassen und zu den Linsen und Spätzle servieren.

TRADITION AUS DEM LÄNDLE

»Linsen mit Spätzle?!« Nicht-Schwaben runzeln angesichts dieser Kombination schon mal fragend die Stirn. Worüber die Schwaben wiederum die Achseln zucken. Was so gut schmeckt (man denke an den Speck und die Würstchen) und eine so lange Tradition hat, braucht keinerlei weitere Rechtfertigung.

54

KARTOFFELSALAT

AUCH EIN KLASSIKER:
KARTOFFELSALAT MIT EIERN UND JOGHURT-MAYONNAISE

FÜR 2 PERSONEN
ZUBEREITUNGSZEIT CA. 45 MIN.
PRO PORTION CA. 440 KCAL

ZUTATEN

250 g kleine festkochende Kartoffeln (z. B. La Ratte oder Bamberger Hörnchen)
Salz | 4 Eier (Größe M)
100 g längliche Radieschen
1 Mini-Gurke (ca. 80 g)
2 Stangen Staudensellerie
1/2 Beet Kresse

FÜR DIE JOGHURT-MAYONNAISE

1 hart gekochtes Eigelb (Größe M)
2 TL Dijonsenf
2 EL Olivenöl
50 g Naturjoghurt (3,8 % Fett)
1 TL Sherryessig
Salz | Pfeffer
Cayennepfeffer

1. In einem kleinen Topf Wasser aufkochen. Inzwischen die Kartoffeln waschen. Das Wasser salzen und die Kartoffeln darin in 18–20 Min. gar kochen, dann abgießen und etwas ausdampfen lassen. Die Kartoffeln noch warm pellen und dann eine Weile abkühlen lassen.

2. Die Eier in ca. 10 Min. hart kochen. Inzwischen die Radieschen, die Mini-Gurke und die Selleriestangen waschen. Die Radieschen waschen, putzen und in feine Scheibchen schneiden oder hobeln. Die Gurke ungeschält in dünne Scheiben hobeln. Die Selleriestangen putzen, waschen und ebenfalls dünn hobeln.

3. Die hart gekochten Eier kalt abschrecken und pellen. 1 Ei halbieren, das Eigelb herauslösen und für die Mayonnaise beiseitestellen. Das übrige Eiweiß und 1 weiteres Ei grob hacken. Die restlichen Eier längs vierteln.

4. Für die Joghurt-Mayonnaise das beiseitegestellte Eigelb durch ein Sieb streichen und mit Senf und Olivenöl glatt rühren. Dann den Joghurt dazugeben und alles zu einer dicklichen Creme verrühren. Die Joghurt-Mayonnaise mit Sherryessig, Salz, Pfeffer und Cayennepfeffer pikant abschmecken.

5. Die Kartoffeln in Scheiben schneiden und mit den Gemüsescheiben und der Joghurt-Mayonnaise mischen. Die gehackten Eier vorsichtig darunterheben.
Die geviertelten Eier auf dem Salat verteilen. Die Kresse vom Beet schneiden und über den Kartoffelsalat streuen.

WEM DAS SCHMECKT, DER MAG AUCH

- den Nudelsalat auf Seite **95**
- die Bratkartoffeln auf Seite **75**

OHNE GEHT GAR NICHT

Jede Gegend hat ihre eigenen Traditionen, aber zu bestimmten Gerichten gehört Kartoffelsalat überall dazu. In Bayern sind es der Leberkäs' und die Fleischpflanzerl, in ganz Deutschland alle Arten von Würsten und bis nach Österreich hinunter das echte Wiener Schnitzel, bei dem er nicht fehlen darf. Ganz abgesehen von all den Grillabenden und Partys, die ohne gar nicht denkbar wären.
Und weil Mayonnaise nicht jedermanns Geschmack ist, findest du in diesem Buch noch 2 weitere Rezepte: den Kartoffel-Gurken-Salat auf Seite 33 und eine Variante mit Rucola auf Seite 97.

Das (un-)nützeste Wissen zum Angeben

WUSSTEST DU, DASS CHILI IM WAHRSTEN SINNE DES WORTES »SCHARF« MACHT? ODER DASS DU GAR KEINEN KORKENZIEHER BRAUCHST, WEIL SCHON EIN SIMPLER TRICK ZUM WEINFLASCHENÖFFNEN REICHT? WIR VERRATEN DIR KULINARISCH-KLUGES KNOW-HOW. MIT AHA-EFFEKT!

»Wer möchte den Wein probieren?«

Du hast Wein bestellt und sollst ihn als Erstes kosten? So geht's: Der Kellner zeigt dir das Etikett. Entspricht es der Bestellung, nickst du freundlich. Im Anschluss entkorkt er die Flasche und schenkt dir einen Probierschluck ein. Einmal das Glas schwenken, daran riechen und probieren. Stimmst du zu, ist der Wein gekauft.

»Der Wein muss frappiert werden.«

Heißt: Der Wein ist zu warm und muss heruntergekühlt werden. Am schnellsten geht das in einem Eiskübel – Flasche hineinlegen, mit Eiswürfeln und Wasser auffüllen und schon »frappierst« du.

»Hilfe, der Korken sitzt zu fest!«

Bekommst du den Korken nicht heraus, muss niemand zum Kräftemessen antreten. Ein kleiner Trick tut's auch: mit einem heißen Tuch den Flaschenhals erwärmen. Der Korken wird so elastischer und der Hals durch die Wärme geweitet.

Stimmt es, dass Pizza Hawaii eine deutsche Erfindung ist?

Um dieses Gericht ranken sich jede Menge Mythen. Der Ursprung der **Pizza originale** ist bekannt – sie wurde im südlichen Mittelmeerraum erfunden und von Neapels Bäckern zum **Fast Food Nr. 1** erklärt. Aber bei der **Schinken-Ananas-Variante** scheiden sich die Geister. Angeblich hatte ein **Grieche** im kanadischen Ontario die Idee. Die Entdeckung des Toasts Hawaii aber geht auf das Konto eines Deutschen – und so werden die Urheber der beiden Ananas-Kreationen häufig miteinander verwechselt.

WARUM WIEGT EIN WÜRFEL HEFE GENAU 42 G?

Wenn es um diese krumme Zahl geht, brodelt die Gerüchteküche. Dass ein Würfel Hefe genau 42 g entspricht, soll an Folgendem liegen: Früher hatten Bäcker Hefeblöcke in einer Größenordnung von 500 g zur Verfügung. Um die Hefe für den Hausgebrauch zu portionieren, teilten sie diese in zwölf gleich große Stücke. Daraus ergaben sich 41,7 g pro Würfel. Fakt ist: Ein Würfel Hefe enthält genauso viele Hefezellen, wie je nach Schwere des Teigs für 1000 oder 500 g Mehl benötigt werden.

ACHTUNG,
Aphrodisiakum:
6 ZUTATEN ZUM VERFÜHREN

1. Granatapfel
2. Erdbeere

3. Chili
4. Feige
5. Vanille
6. Spargel

55

MOUSSAKA

DER AUBERGINENAUFLAUF
IST DAS WOHL BEKANNTESTE GRIECHISCHE GERICHT

FÜR 4 PERSONEN
ZUBEREITUNGSZEIT CA. 45 MIN.
BACKZEIT 45 MIN.
PRO PORTION CA. 815 KCAL

ZUTATEN
650 g Auberginen | Salz
500 g festkochende Kartoffeln
1 Zwiebel | 1 Knoblauchzehe
6 EL Olivenöl
500 g Rinderhackfleisch
2 Dosen stückige Tomaten (je 240 g Abtropfgewicht)
4 EL Tomatenmark
2 TL getrockneter Oregano
Pfeffer | 1/2 TL Zimtpulver
40 g Butter | 40 g Mehl
400 ml Milch (3,5 % Fett)
frisch geriebene Muskatnuss
1 Ei
60 g frisch geriebener Grana Padano

AUSSERDEM
Backpapier
Öl für die Form

1. Die Auberginen putzen, waschen und quer in ca. 5 mm dünne Scheiben schneiden. Diese auf beiden Seiten mit Salz bestreuen und zugedeckt Wasser ziehen lassen.

2. Den Backofen auf 180° vorheizen. Kartoffeln waschen, in Wasser ca. 20 Min. garen, kalt abschrecken und pellen. Etwas abkühlen lassen, dann in Scheiben schneiden. Inzwischen Zwiebel und Knoblauch schälen und in feine Würfel schneiden.

3. Ein Backblech mit Backpapier auslegen und dieses mit Olivenöl bestreichen. Die Auberginenscheiben trocken tupfen, auf dem Blech verteilen und mit 5 EL Öl bestreichen. Die Auberginenscheiben im Backofen (Mitte) 20 Min. garen, dabei einmal wenden. Die Auberginen aus dem Ofen nehmen.

4. Inzwischen 1 EL Öl in einer großen Pfanne erhitzen, das Hack darin bei starker Hitze unter Rühren krümelig anbraten – evtl. portionsweise. Zwiebel und Knoblauch kurz mitbraten. Stückige Tomaten, Tomatenmark und Oregano hinzufügen und alles aufkochen. Mit Salz, Pfeffer und Zimt würzen und offen ca. 15 Min. sanft kochen.

5. Inzwischen für die Béchamelsauce die Butter in einem kleinen Topf erhitzen. Das Mehl darin bei mittlerer Hitze unter Rühren hellgelb anschwitzen. Die Milch dazugießen und dabei ständig weiterrühren, damit sich keine Klümpchen bilden. Die Sauce mit Salz, Pfeffer und Muskat würzen und ca. 5 Min. sanft kochen. Lauwarm abkühlen lassen. Dann das Ei und die Hälfte des Käses unterrühren.

6. Eine große Auflaufform fetten. Zuerst die Kartoffelscheiben, dann die Hälfte der Hacksauce und die Auberginen einschichten. Die übrige Hacksauce und die Béchamelsauce darüber verteilen. Mit dem restlichen Käse bestreuen und im Ofen (Mitte) in ca. 45 Min. goldbraun backen. Vor dem Servieren kurz ruhen lassen.

WEM DAS SCHMECKT, DER MAG AUCH

die Lasagne auf Seite **13**

den Nudelauflauf auf Seite **47**

56

KASSLER

ECHTE HAUSMANNSKOST FÜR KALTE TAGE

SAUERKRAUT MIT KASSLER

FÜR 4 PERSONEN
ZUBEREITUNGSZEIT CA. 1 STD.
PRO PORTION CA. 300 KCAL

ZUTATEN
500 g vorwiegend festkochende Kartoffeln | 2 Zwiebeln
1 EL Schweineschmalz
50 g geräucherte Schinkenspeckwürfel
600 g rohes Sauerkraut (vom Metzger oder aus dem Reformhaus)
250 ml Rinderfond (aus dem Glas)
1 Lorbeerblatt | 8 Gewürznelken
5 Wacholderbeeren
1 TL Kümmelsamen
4 dicke Scheiben gegarter Kasslerbraten (je 150–200 g)
1–2 EL Zucker | Salz | Pfeffer
100 g Weintrauben (ersatzweise Ananas)

1. Kartoffeln schälen und waschen. 1 Kartoffel beiseitelegen, die restlichen in mundgerechte Stücke schneiden. Die Zwiebeln schälen, halbieren und in schmale Spalten schneiden.

2. Das Schweineschmalz in einem Topf erhitzen und die Zwiebelspalten und Speckwürfel darin kurz anbraten.

3. Das Sauerkraut und die Kartoffelwürfel sowie den Fond mit in den Topf geben, die Gewürze unterrühren und alles aufkochen. Die Kassler-Scheiben darauflegen und zugedeckt bei schwacher Hitze ca. 20 Min. sanft kochen.

4. Die übrige Kartoffel fein reiben. Das Fleisch herausnehmen und warm stellen. Die geriebene Kartoffel unter das Kartoffel-Sauerkraut rühren, dieses weitere 20 Min. sanft kochen, ab und zu umrühren. Das Kartoffel-Sauerkraut mit Zucker, Salz und Pfeffer abschmecken. In den letzten 10 Min. Weintrauben oder ersatzweise gewürfelte Ananas unterrühren. Die Kassler-Scheiben auf dem Sauerkraut anrichten.

UND GESUND IST ES AUCH NOCH

Wusstest du, dass Sauerkraut sehr gesund ist? Es enthält die Vitamine A, B und C sowie Kalzium, Kalium, Eisen und jede Menge Ballaststoffe.

SAUERKRAUT-EINTOPF

FÜR 4 PERSONEN
ZUBEREITUNGSZEIT CA. 1 STD.
PRO PORTION CA. 300 KCAL

ZUTATEN
1 Apfel | 4 Wacholderbeeren
500 g Sauerkraut
300 g vorwiegend festkochende Kartoffeln
1 EL Butter | 3 EL Öl
1 l Gemüsebrühe (Instant)
1 Lorbeerblatt | Salz
edelsüßes Paprikapulver
200 g kleine Schalotten
1/2 TL frische Thymianblättchen
1 EL heller Essig
2 TL Honig
500 g gegartes Kassler in Scheiben

WEM DAS SCHMECKT, DER MAG AUCH

die Linsensuppe auf Seite **199**

die Kartoffelsuppe auf Seite **115**

1. Den Apfel vierteln, schälen, vom Kerngehäuse befreien und in dünne Spalten schneiden. Die Wacholderbeeren fein hacken, das Sauerkraut mit einer Gabel zerpflücken. Die Kartoffeln waschen, schälen und halbieren.

2. Die Butter und 1 EL Öl in einen Topf geben und erhitzen. Den Apfel mit den Wacholderbeeren darin andünsten. Das Sauerkraut dazugeben und 3/4 l der Gemüsebrühe aufgießen. Das Lorbeerblatt einlegen, das Kraut mit Salz und Paprika abschmecken und zugedeckt bei schwacher Hitze in ca. 40 Min. weich schmoren. Nach 20 Min. die Kartoffeln zu dem Sauerkraut geben. Dabei ab und zu umrühren und bei Bedarf noch mehr Brühe dazugeben.

3. Inzwischen die Schalotten schälen. In einem Topf das übrige Öl erhitzen und die Schalotten darin bei mittlerer Hitze braten, bis sie leicht braun sind. Thymian, etwas Brühe, Essig und Honig dazugeben und die Schalotten salzen. Alles zugedeckt bei mittlerer Hitze ca. 10 Min. schmoren.

4. Die Kassler-Scheiben in mundgerechte Stücke schneiden. Diese zusammen mit den Schalotten unter das Kraut mischen und darin noch ca. 5 Min. erwärmen.

DIE CLEVERSTEN WEGE, *indisches Essen* NOCH INDISCHER ZU MACHEN

1. **Mörser verwenden:** Frisch zerkleinert schmecken Gewürze viel besser – vor allem, wenn man Garam Masala selber macht.
2. **Mit Ghee kochen:** Das indische Butterschmalz hat einen sehr feinen Geschmack.
3. **Schärfe-Kick verpassen:** Wer sich an die original Schärfe herantasten will, würzt mit Chilipulver oder -flocken nach.
4. **Thali servieren:** 1 Fleisch- oder Fischgericht und mindestens 2 Gemüsegerichte auf einem Tablett zusammen anrichten.
5. **Brot als Besteck einsetzen** – zum Aufnehmen von Fleisch oder Gemüse und besonders der Sauce.

Die Bollyfood-Basics

WEM DAS SCHMECKT, DER MAG AUCH

- das Thai-Curry auf Seite **41**
- die Hähnchenpfanne auf Seite **119**

Verena, GU-Redakteurin

Lassi-Favorit der Redaktion: Fruchtfleisch von 1 Mango mit 300 g Joghurt und 10 Eiswürfeln im Mixer pürieren und ggf. mit Wasser verdünnen.

57

CURRY AUF INDISCHE ART

MIT HERRLICH AROMATISCHER SAUCE: CHICKEN TIKKA MASALA

FÜR 4 PERSONEN
ZUBEREITUNGSZEIT CA. 1 STD.
MARINIERZEIT 3 STD.
PRO PORTION CA. 395 KCAL

ZUTATEN

FÜR DAS FLEISCH
3 Knoblauchzehen
1 Stück frischer Ingwer (ca. 1,5 cm)
150 g Joghurt (3,5 % Fett)
Saft von 1 Zitrone
1 EL neutrales Pflanzenöl
1 TL Salz
1 EL gemahlener Kreuzkümmel
1 EL Garam Masala (aus dem Asienladen)
1 EL scharfes geräuchertes Paprikapulver (aus dem Asienladen)
750 g Hähnchenbrustfilet

FÜR DIE SAUCE
2 kleine Zwiebeln
2 EL Ghee (s. Tipp, ersatzweise Butterschmalz)
6 grüne Kardamomkapseln
1/2 TL Zimtpulver
1 TL gemahlene Kurkuma
1 Dose stückige Tomaten (240 g Abtropfgewicht)
Salz | 50 g Schlagsahne
2–3 TL Honig

1. Die Knoblauchzehen und den Ingwer schälen und fein hacken oder reiben. Den Joghurt mit Knoblauch, Ingwer, Zitronensaft, Öl, Salz und Gewürzen verrühren. Das Fleisch trocken tupfen, in größere Würfel schneiden und unter die Marinade mischen. Abgedeckt mindestens 3 Std., am besten über Nacht, kalt stellen.

2. Den Backofen auf 200° vorheizen. Das Fleisch samt der Marinade in einer weiten Auflaufform verteilen und im heißen Ofen 30–35 Min. backen.

3. Inzwischen für die Sauce die Zwiebeln schälen und würfeln. Das Fett in einem Topf erhitzen und die Zwiebeln darin in 10 Min. goldbraun anbraten.

4. Inzwischen die Kardamomkapseln mit einem spitzen Messer aufritzen, die Samenkörner herauslösen und im Mörser zerstoßen. Mit den anderen Gewürzen mischen und alles zu den Zwiebeln geben. Tomaten, 300 ml Wasser und 1 TL Salz dazugeben, alles aufkochen und 15–20 Min. bei mittlerer Hitze sanft kochen.

5. Die Sauce pürieren und die Sahne darunterrühren. Die Sauce mit Salz und Honig abschmecken. Das gebackene Fleisch mitsamt der übrigen Marinade unterrühren. Alles weitere 5 Min. sanft kochen.

INDISCHE AROMA-TIPPS

In Indien werden statt Hähnchenbrustfilets gerne entbeinte **Hähnchenschenkel** ohne Haut für Currys verwendet. Sie sind kräftiger im Geschmack und geben so dem Gericht noch mehr Aroma. Zudem sind sie preiswerter.
Ghee ist geklärte Butter und eine typisch indische Zutat. Da beim Klären das Milcheiweiß abgetrennt wird, lässt es sich wie Öl hoch erhitzen. Es hat ein leicht nussiges Butteraroma, das vielen Currys den letzten Schliff gibt. Statt Ghee kann man aber auch Butterschmalz verwenden.

58

KNOBLAUCHGARNELEN

SCHMECKEN AM BESTEN ABENDS ZU EINEM GUTEN GLAS WEIN

FÜR 4 PERSONEN
ZUBEREITUNGSZEIT CA. 15 MIN.
AUFTAUEN 12 STD.
PRO PORTION CA. 430 KCAL

ZUTATEN
600 g küchenfertige Garnelen (geschält, gegart)
4–6 Knoblauchzehen
1 frische rote Chilischote
1/2 Bund Petersilie
120–150 ml Olivenöl
Salz | Pfeffer | 1 Bio-Zitrone

AUSSERDEM
Weißbrot

1. Die Garnelen über Nacht im Kühlschrank auftauen lassen. Am nächsten Tag zum Kochen zunächst waschen und trocken tupfen.

2. Die Knoblauchzehen schälen und fein hacken. Die Chilischote waschen, putzen und hacken. Wer es nicht ganz so scharf mag, sollte die Chili vorher halbieren und die Kerne entfernen. Die Petersilie waschen und die Blättchen fein hacken.

3. Das Olivenöl in einer großen Pfanne erhitzen. Knoblauch und Chili darin bei schwacher Hitze 1–2 Min. anbraten. Dann die Hitze leicht erhöhen. Die Garnelen mit in die Pfanne geben und unter Wenden braten. Nach 2–3 Min. sind sie fertig, nun die Garnelen salzen und pfeffern.

4. Die Zitrone waschen und in Spalten schneiden. Die Garnelen mitsamt dem Bratöl aus der Pfanne auf die Teller geben und jeweils Zitronenspalten dazulegen. Mit der gehackten Petersilie bestreuen und genießen, am besten mit Weißbrot.

TAPAS-LIEBLINGE

Knoblauchgarnelen gehören zu den bekanntesten Tapas, den spanischen Appetit-Häppchen, die in Weinbars und Bodegas zu alkoholischen Getränken serviert werden. Sie sind eine kleine Zwischenmahlzeit am Nachmittag oder vor dem eigentlichen Abendessen. Tapas können ganz einfach sein, wie Oliven, Serranoschinken oder gesalzene Mandeln. Viele Tapas-Bars und Bodegas haben aber ihre eigenen, etwas aufwändigeren Rezepte für die leckeren Kleinigkeiten. Dazu gehören etwa Tortilla-Würfel, Fleischspießchen, Muscheln in Weißweinsauce oder eben diese beliebten Knoblauchgarnelen mit Chili und Kräutern.

WEM DAS SCHMECKT, DER MAG AUCH

- die Nudeln mit Shrimps auf Seite **107**
- die Paella auf Seite **203**

DAS WICHTIGSTE WISSEN ÜBER

Eier

1. **Die Deutschen essen im Jahr pro Kopf 235 Eier.** Das sind jährlich insgesamt 19,3 Milliarden Stück. (Stand: 2016)
2. **Ob Eier eine braune oder weiße Schale haben,** hängt von der Hühnerrasse ab – die Farbe hat nichts mit der Qualität zu tun.
3. **Ziehst du vom Mindesthaltbarkeitsdatum 28 Tage ab,** ergibt dies das Legedatum.
4. **Ist das Ei noch frisch?** Lege es in ein Glas Wasser: Bleibt es am Boden liegen, ist alles in Ordnung.
5. **Eier erhöhen nicht den Cholesterinspiegel** – diesen Mythos haben ernährungswissenschaftliche Studien widerlegt.
6. **»Tausendjährige« Eier sind in China eine Delikatesse:** Zur Herstellung werden sie einige Monate lang in einem alkalischen Teig konserviert.

Ei-jei-jei!

WEM DAS SCHMECKT, DER MAG AUCH

- den Spinat mit Spiegelei auf Seite **51**
- die Königsberger Klopse auf Seite **65**

Verena, GU-Redakteurin

Veganer aufgepasst: Angebratener, mit Kala Namak (indisches Steinsalz) gewürzter Tofu schmeckt wie Rührei!

59

EIER IN SENFSAUCE

DIESES GERICHT LIEBTEN WIR SCHON ALS KINDER

FÜR 4 PERSONEN
ZUBEREITUNGSZEIT CA. 1 STD. 15 MIN.
PRO PORTION CA. 550 KCAL

ZUTATEN

FÜR DIE SENFSAUCE
3 EL Butter
2 gestrichene EL Mehl
125 ml Milch (3,5 % Fett)
250 ml Fleischbrühe (Instant)
2–3 EL Dijon-Senf
Salz | Pfeffer
1 Msp. gemahlener Piment

FÜR DAS KARTOFFELPÜREE
1 kg mehligkochende Kartoffeln
250 ml Milch (3,5 % Fett)
2 EL Butter | Salz
frisch geriebene Muskatnuss

AUSSERDEM
8 sehr frische Eier (Größe M)
1 Kästchen Kresse

1. Für die Senfsauce die Butter in einem Topf schmelzen. Das Mehl dazugeben und hell anschwitzen. Mit kalter Milch ablöschen, dabei ständig mit dem Schneebesen rühren, damit keine Klümpchen entstehen. Die Fleischbrühe dazugießen und alles aufkochen. Ca. 5 Min. kräftig kochen, dabei ab und zu umrühren. Den Topf vom Herd nehmen, den Senf unter die Sauce rühren und diese mit Salz, Pfeffer und Piment abschmecken, dann beiseitestellen.

2. Für das Kartoffelpüree die Kartoffeln schälen und in grobe Stücke schneiden. In einen Topf geben, mit Wasser bedecken und aufkochen. Bei mittlerer Hitze mit leicht geöffnetem Topfdeckel in ca. 15 Min. weich kochen. Die Milch erhitzen. Die gegarten Kartoffeln abgießen, heiß durch eine Kartoffelpresse drücken oder mit dem Kartoffelstampfer fein zerdrücken. Heiße Milch und Butter unterrühren und das Püree mit Salz und Muskatnuss abschmecken. Abgedeckt warm stellen.

3. Für die Eier Wasser in einem kleinen Topf aufkochen. Die Eier an der runden Seite anpiksen (das verhindert, dass die Schale platzt) und im siedenden Wasser bei kleiner Hitze ca. 6 Min. kochen, sodass das Eigelb nur wachsweich und nicht hart ist. Kurz vor dem Anrichten die Sauce unter Rühren erwärmen, das Püree unter Rühren erhitzen. Die Eier herausnehmen, kurz kalt abschrecken und pellen. Halbieren und mit Püree und Sauce auf Tellern anrichten. Die Kresse vom Beet schneiden und das Gericht damit bestreuen.

FEIN ZU PÜREE UND EI: RAHMSPINAT

Greif zu, wenn du frischen jungen Spinat im Laden entdeckst. Für köstlichen Rahmspinat 1 kg frischen Spinat putzen, ohne Stiele gründlich waschen, trocken schleudern und klein hacken. In 1 EL Butter 5 Min. andünsten. Dann 1 gehäuften EL Mehl darüberstäuben und unterrühren. Anschließend 200 g Sahne dazugießen. Den Rahmspinat aufkochen und unter Rühren ca. 5 Min. kochen. Salzen, pfeffern und mit Muskatnuss abschmecken.

STRAUS FAMILY
CREAMERY
ORGANIC

60

MUFFINS

IMMER WIEDER EIN RENNER: HEIDELBEERMUFFINS

FÜR 1 MUFFINBLECH
ZUBEREITUNGSZEIT CA. 20 MIN.
BACKZEIT 20 MIN.
PRO STÜCK CA. 155 KCAL
(BEI 12 STÜCK)

ZUTATEN
125 g Heidelbeeren
150 g Mehl
2 TL Backpulver
1 Pck. Vanillepuddingpulver (zum Kochen)
1 Ei (Größe M)
150 g Zucker
1 Prise Zimtpulver
1 Prise Salz
100 g Naturjoghurt (3,8 % Fett)
6 EL neutrales Pflanzenöl
2 EL Zitronensaft

AUSSERDEM
1 Muffinblech mit 12 Mulden
12 Muffin-Papierförmchen

WEM DAS SCHMECKT, DER MAG AUCH

die Beeren-Minis auf Seite **116**

die Waffeln auf Seite **229**

1. Den Backofen auf 180° vorheizen. Die Papierförmchen in die Mulden des Muffinblechs setzen. Die Heidelbeeren verlesen, waschen und mit Küchenpapier vorsichtig trocken tupfen. Mehl, Backpulver und Vanillepuddingpulver mischen.

2. Für den Teig das Ei zusammen mit Zucker, Zimtpulver, Salz, Joghurt, Öl und Zitronensaft in eine Rührschüssel geben und alles mit den Quirlen des Handrührgeräts glatt rühren. Die Mehlmischung rasch unterrühren.

3. Je 1 knappen EL Teig in jedes Papierförmchen füllen. Die Heidelbeeren vorsichtig unter den übrigen Teig heben und diesen ebenfalls in den Förmchen verteilen. Im Ofen (Mitte) in ca. 20 Min. goldbraun backen.

4. Die fertigen Muffins aus dem Ofen holen und 5 Min. in dem Blech ruhen lassen. Dann vorsichtig herauslösen und auf einem Kuchengitter auskühlen lassen.

MUFFIN-KÜCHENTIPPS

Alle lieben Muffins – und das Beste ist: Jeder kann sie backen! Der Teig ist in Nullkommanichts zusammengerührt, und man muss sich nicht lange gedulden, um die duftenden Küchlein aus dem Ofen zu holen.
Noch schneller geht's, wenn man die gebackenen, abgekühlten Küchlein in Gefrierbeutel oder eine **Gefrierbox** packt und einfriert. Dann kann man sie bei Bedarf einfach im vorgeheizten Backofen bei 200° kurz auftauen: Die Muffins sind wunderbar saftig und schmecken fast so gut wie frisch gebacken.
Bei **Heidelbeeren** und anderen Beeren, wenn möglich, zu frischer Ware greifen. TK-Beeren sind zum Backen weniger gut geeignet, da sie viel Flüssigkeit verlieren und die Muffins stark verfärben würden.
Auch eine gute Variante: **Schokofans** ersetzen die Heidelbeeren einfach durch die gleiche Menge Schokoladentropfen (Fertigprodukt).

61

GRÜNKOHL

WINTER IST DIE ZEIT DEFTIGER GERICHTE, DIE VON INNEN WÄRMEN

GRÜNKOHL MIT SPECK

FÜR 4 PERSONEN
ZUBEREITUNGSZEIT CA. 50 MIN.
PRO PORTION CA. 310 KCAL

ZUTATEN
Salz | 600 g Grünkohl
120 g durchwachsener Speck
1 Zwiebel
3 EL Schweineschmalz
200 ml Gemüsebrühe (Instant)
Pfeffer
1 TL Zucker

1. Reichlich Salzwasser in einem großen Topf aufkochen. Den Grünkohl putzen, gründlich waschen und abtropfen lassen. In das kochende Salzwasser geben und ca. 3 Min. kochen. In ein Sieb abgießen und kalt abspülen. Den Grünkohl ausdrücken und grob hacken.

2. Den Speck ohne die Schwarte in kleine Würfel schneiden, die Zwiebel schälen und ebenfalls fein würfeln. Schweineschmalz in einer weiten Pfanne erhitzen, Speck- und Zwiebelwürfel darin ca. 5 Min. anbraten. Grünkohl und Gemüsebrühe dazugeben und alles ca. 20 Min. abgedeckt schmoren. Den Grünkohl mit Salz, Pfeffer und Zucker abschmecken.

SÜSSE KARTOFFELN

In Norddeutschland serviert man den Grünkohl traditionell mit Kochwürsten und Bauchfleisch (s. Rezept rechts). Als Beilage gibt es dazu süße Kartoffeln: Dafür 800 g Pellkartoffeln pellen und halbieren. Auf ein Backblech legen, mit 100 g flüssiger Butter übergießen und mit 2 EL Zucker bestreut im Backofen bei 200° in 40 Min. knusprig backen.

GRÜNKOHL MIT PINKEL

FÜR 4–6 PERSONEN
ZUBEREITUNGSZEIT CA. 30 MIN.
GARZEIT 2 STD. 20 MIN.
PRO PORTION CA. 1010 KCAL
(BEI 6 PERSONEN)

ZUTATEN

1 kg Grünkohl | Salz
2 Zwiebeln
2 EL Gänseschmalz
300 ml Gemüsebrühe (Instant)
2 mehligkochende Kartoffeln
250 g Schweinebauch
250 g durchwachsener Räucherspeck
2 kleine Grütz- oder Brägenwürste (beim Metzger vorbestellen)
4 geräucherte Mettwürste

WEM DAS SCHMECKT, DER MAG AUCH

- die Bratkartoffeln auf Seite **75**
- die Kohlrouladen auf Seite **77**

1. Den Grünkohl in einzelne Blätter teilen, waschen und trocken schütteln, grobe Stiele abschneiden. In einem großen Topf reichlich Wasser zum Kochen bringen und salzen. Die Grünkohlblätter darin bei schwacher Hitze ca. 10 Min. ziehen lassen. In ein Sieb abgießen, gut abtropfen lassen und grob hacken. Die Zwiebeln schälen und fein würfeln.

2. Das Gänseschmalz in einem großen Topf erhitzen und die Zwiebeln darin glasig anbraten. Grünkohl und 150 ml Brühe dazugeben. Die Kartoffeln schälen, fein dazureiben und untermischen. Den Schweinebauch hinzufügen und die restliche Brühe angießen. Alles zugedeckt bei schwacher Hitze ca. 1 Std. schmoren. Dann den Speck im Ganzen dazugeben und alles nochmals ca. 1 Std. schmoren.

3. Die Grütz- oder Brägenwürste mit einer Nadel einstechen, damit sie Fett und Aroma an den Kohl abgeben, dann zusammen mit den Mettwürsten zum Kohl geben und in weiteren ca. 20 Min. gar ziehen lassen. Den Grünkohl mit Salz abschmecken. Speck und Schweinebauch herausnehmen und in mundgerechte Stücke schneiden. Den Grünkohl mit Fleisch, Speck und Würsten anrichten. Mit süßen Kartoffeln (s. Tipp links) servieren und Senf dazu reichen.

62

SCHWEINEBRATEN

AUSSEN KNUSPRIG, INNEN SAFTIG:
DER BAYERISCHE SCHWEINEKRUSTENBRATEN

FÜR 4 PERSONEN
ZUBEREITUNGSZEIT CA. 35 MIN.
GARZEIT 1 STD. 30 MIN.
PRO PORTION CA. 940 KCAL

ZUTATEN
1,25 kg Schweinekrustenbraten
Salz | Pfeffer
1 Zwiebel
2 Knoblauchzehen
2 Möhren
2 Tomaten
400 ml Fleischbrühe (Instant)
150 ml Bier
2–3 TL Speisestärke

1. Den Backofen auf 220° vorheizen. Das Fleisch waschen und trocken tupfen. Auf allen Seiten mit Salz und Pfeffer einreiben, dann mit der Schwartenseite nach unten (!) in einen Bräter oder in die Fettpfanne des Backofens legen.

2. Zwiebel und Knoblauch schälen und grob würfeln. Die Möhren schälen und putzen, die Tomaten waschen und vom Stielansatz befreien. Möhren und Tomaten in grobe Stücke schneiden. Zwiebel, Knoblauch, Möhren und Tomaten um den Braten herum verteilen. Die Brühe dazugießen.

3. Den Bräter in den heißen Backofen (Mitte) schieben. Nach 30 Min. herausnehmen, den Braten wenden und die Schwarte mit einem sehr scharfen Messer gitterförmig einschneiden. Die Temperatur auf 200° zurückdrehen. Den Braten für 1 weitere Std. in den Ofen schieben, nun jedoch mit der Schwarte nach oben.

4. Den Braten in der weiteren Garzeit mehrmals mit dem Bratenfond begießen, sodass sich eine schöne braune Kruste bildet. Ab 15 Min. vor Ende der Garzeit mehrmals mit Bier bepinseln. Falls die Kruste jedoch zu dunkel wird, lieber mit Alufolie abdecken; sonst wird sie zu hart.

5. Den Braten herausheben und zugedeckt beiseitestellen. Für die Sauce den Bratenfond durch ein Sieb in einen kleinen Topf gießen, dabei das Gemüse gut ausdrücken, dann dieses wegwerfen. Den Bratenfond aufkochen. Die Stärke erst mit 2–3 EL Wasser glatt rühren, dann damit den kochenden Bratenfond binden. Die Sauce mit Salz und Pfeffer abschmecken.

6. Vor dem Servieren den Braten mit einem scharfen Messer in Scheiben schneiden. Die Sauce dazu reichen. Dazu passen je nach Vorliebe die Semmelknödel oder Kartoffelklöße von Seite 20 und 21.

WEM DAS SCHMECKT, DER MAG AUCH

- den Rinderbraten auf Seite **223**
- die Schweinefilets auf Seite **155**

TIPP AUS OMAS REZEPTBUCH

Krachen muss sie, die Kruste eines richtig guten Schweinebratens. Wie man das hinbekommt, war lange Großmutters Geheimnis. Bis jetzt – denn mit diesem Rezept ist es ganz einfach. Wird die Schwarte, wie oben beschrieben, zunächst angeschmort, dann lässt sie sich leicht mit einem scharfen Messer einschneiden. Oder man bittet einfach den Metzger, das schon zu erledigen.

63

SCHOKOKUCHEN

GANZ EINFACH UNWIDERSTEHLICH: UNSER SCHOKOKUCHEN OHNE MEHL

FÜR 1 SPRINGFORM (26 CM Ø)
ZUBEREITUNGSZEIT CA. 15 MIN.
BACKZEIT 35 MIN.
PRO STÜCK CA. 350 KCAL
(BEI 12 STÜCKEN)

ZUTATEN
100 g Kakaopulver
150 g Zucker
3 Pck. Vanillezucker
2 EL gemahlene Mandeln
2 TL Backpulver
1 Prise Salz
200 g Butter
200 g Zartbitterschokolade
4 Eier (Größe M)

AUSSERDEM
Backpapier
Butter und Mehl für die Form
Puderzucker zum Bestäuben

1. Den Backofen auf 160° vorheizen. In den Boden der Springform Backpapier einspannen, den Formrand einfetten und die Form mit Mehl ausstreuen. Das Kakaopulver mit Zucker, Vanillezucker, Mandeln, Backpulver und Salz mischen.

2. In einem kleinen Topf die Butter zusammen mit der Schokolade bei geringer Hitze unter Rühren sanft schmelzen. Dann zuerst die Eier, danach die Kakao-Zucker-Mischung mit einem Holzkochlöffel unterrühren.

3. Die Schokomasse in die Form füllen und glatt streichen. Im Backofen (Mitte) ca. 35 Min. backen. Den fertigen Schokokuchen aus dem Ofen holen und 5 Min. in der Form ruhen lassen. Dann den Formrand lösen und den Kuchen auf einem Kuchengitter auskühlen lassen. Fein mit Puderzucker bestäuben.

KLEINE VARIANTE: SCHOKO-INGWER-KUCHEN

Ingwer und Schokolade bilden eine perfekte Geschmackskombination – auch in diesem Kuchen! Für einen **Schoko-Ingwer-Kuchen** 2–3 TL Ingwerpulver unter die Kakao-Zucker-Mischung rühren.

LUST AUF EINE SCHOKOGLASUR?

Für die Schokoglasur 150 g Zartbitterkuvertüre (mindestens 45 % Kakaoanteil) in kleine Stücke hacken und über einem warmen Wasserbad zusammen mit 1 TL neutralem Pflanzenöl schmelzen. Die Glasur mit einem Esslöffel auf dem Kuchen verteilen und dann fest werden lassen.
Noch hübscher ist eine **marmorierte Schokoglasur**. Dafür zusätzlich 50 g weiße Kuvertüre getrennt über dem Wasserbad schmelzen. Erst die flüssige Zartbitterkuvertüre auf dem Kuchen verteilen. Dann die weiße Kuvertüre in einen kleinen Gefrierbeutel füllen, eine kleine Ecke des Beutels abschneiden und helle Linien auf die noch warme dunkle Kuvertüre spritzen. Die Glasuren trocknen lassen.

WEM DAS SCHMECKT, DER MAG AUCH

den Käsekuchen auf Seite **123**

das Tiramisu auf Seite **167**

Ist das MundART oder kann das weg?

BAYERN WISSEN: EINE »AUSZOGNE« HAT NICHTS MIT NACKTER HAUT ZU TUN, EIN »REHERL« IST KEIN WALD-BEWOHNER UND EIN »SPOFAKI« KEIN SCHIMPFWORT. HIER ERKLÄREN WIR DIE WITZIGSTEN DIALEKTWÖRTER VON NORD BIS SÜD.

EIN GERICHT, *viele Namen*

1. **Fleischpflanzerl** (München)
2. **Frikadelle** (Köln)
3. **Bulette** (Berlin)
4. **Bratklops** (Dresden)
5. **Fleischklößchen** (Erfurt)
6. **Fleischküchle** (Stuttgart)
7. **Hacktätschli** (Bern)
8. **Faschiertes Laberl** (Wien)

BAIRISCH-DOLMETSCHER

Bauchstecherl = SCHUPFNUDELN
Gelbe Ruam = MÖHRE
Grachal = LIMONADE
Milli = MILCH
Reherl = PFIFFERLINGE
Spofaki = SPANFERKEL
Auszogne = SCHMALZGEBÄCK AUS HEFETEIG

Die 3 witzigsten Namen für das Brotende

Knörzchen in Hessen

Ränftl in Sachsen

Scherzl in Bayern

»Bitte vier...«

Was den Hamburgern das Brötchen, ist den Berlinern die Schrippe, den Schwaben das Weckle und den Bayern die Semmel. Um Verwechslungen vorzubeugen, am besten darauf zeigen. Diese Geste ist überregional bei allen Bäckereifachangestellten bekannt und verständlich.

DAS PFANNKUCHEN-MISSVERSTÄNDNIS

Bestellt der Rheinländer einen »Berliner«, bekommt er ein rundes, frittiertes, mit Marmelade gefülltes Hefeteilchen. Außer er geht in Berlin zum Bäcker, da muss der Rheinländer dann einen »Pfannkuchen« ordern, obwohl das für ihn eigentlich ein Eierkuchen aus der Pfanne ist. Ziemlich verwirrend, oder? In Süddeutschland geht man dem Konflikt deshalb lieber gleich aus dem Weg und sagt zu dem Gebäck einfach »Krapfen«.

Nachbarschafts-verhältnisse

DEUTSCHLAND

Bonbon

Schlagsahne

Hähnchen

Arme Ritter

ÖSTERREICH

Zuckerl

Schlagobers

Pieperl

Pofesen

SCHWEIZ

Täfeli

Schlagrahm

Poulet

Fotzelschnitten

64

HÜHNERFRIKASSEE

MIT FRISCHEM SPARGEL EIN EDLES FRÜHLINGSGERICHT

FÜR 4 PERSONEN
ZUBEREITUNGSZEIT CA. 1 STD. 40 MIN.
GARZEIT 1 STD. 30 MIN.
PRO PORTION CA. 770 KCAL

ZUTATEN
1 Hähnchen (ca. 1,2 kg)
Salz | 1 Zwiebel
1 Bund Suppengrün
2 Lorbeerblätter
3 Gewürznelken
5 Wacholderbeeren
500 g weißer Spargel
100 g TK-Erbsen
200 g weiße Champignons
80 g Butter | 60 g Mehl
125 ml trockener Weißwein
200 g Sahne
2–3 EL Zitronensaft
Pfeffer
1 Bund Petersilie

WEM DAS SCHMECKT, DER MAG AUCH

das Geschnetzelte auf Seite **195**

die Hühnersuppe auf Seite **193**

1. Das Hähnchen innen und außen kalt abspülen. In einem großen Topf ca. 2 l Wasser aufkochen, 1 TL Salz dazugeben und das Hähnchen hineinlegen. Das Wasser wieder zum Kochen bringen.

2. Die Zwiebel schälen und vierteln, das Suppengrün putzen, waschen, schälen und in grobe Stücke schneiden. Zwiebel, Suppengrün, Lorbeer, Gewürznelken und Wacholder zum Hähnchen geben. Im geschlossenen Topf bei kleiner Hitze 1 Std. 30 Min. leicht köcheln lassen.

3. Das Hähnchen herausheben und einige Min. abkühlen lassen. Das Fleisch ablösen und ohne Haut in mundgerechte Stücke schneiden. Abgedeckt beiseitestellen. Die Brühe durch ein feines Sieb in einen Topf gießen und mit offenem Deckel auf ca. 1 l einkochen. Dann abkühlen lassen.

4. Die holzigen Enden der Spargelstangen abschneiden, die Stangen schälen und in ca. 4 cm lange Stücke schneiden. 250 ml von der Brühe abnehmen, in einem kleinen Topf aufkochen und die Spargelstücke darin in ca. 8 Min. bissfest kochen. Den Spargel mit dem Schaumlöffel herausheben und beiseitestellen. Die Brühe wieder zu der übrigen Hühnerbrühe geben.

5. Die TK-Erbsen auftauen lassen. Die Champignons putzen, trocken abreiben und in Scheiben schneiden. In einer Pfanne 20 g (= 2 EL) Butter erhitzen und die Champignons darin ca. 5 Min. bei mittlerer Hitze braten, dann salzen und pfeffern.

6. Die restliche Butter in einem Topf schmelzen. Das Mehl unterrühren und hell anschwitzen. Mit Weißwein ablöschen, dabei mit einem Schneebesen rühren, sodass keine Klümpchen entstehen. Dann unter Rühren die Hälfte der erkalteten Hühnerbrühe dazugeben. Aufkochen und die restliche Hühnerbrühe dazugießen.

7. Hühnerfleisch, Spargel, Champignons, Erbsen und Sahne in die Brühe geben und alles aufkochen. Die Sauce kräftig mit Zitronensaft, Salz und Pfeffer abschmecken. Die Petersilie waschen und trocken schütteln, die Blättchen abzupfen und fein hacken, dann über das Frikassee streuen. Dazu passt körnig gekochter Reis.

65

GRAUPENSUPPE

ÜPPIGE WINTERKÜCHE, DIE MAGEN UND SEELE WÄRMT

GRAUPENSUPPE MIT MÖHREN UND RÜBEN

FÜR 4 PERSONEN
ZUBEREITUNGSZEIT CA. 1 STD.
PRO PORTION CA. 295 KCAL

ZUTATEN
180 g Gerstengraupen (Perlgraupen)
Salz | 1 kleine Steckrübe (ca. 600 g)
3 kleine Möhren
2 Petersilienwurzeln
1 Stück Lauch (ca. 100 g)
2 Zwiebeln
2 EL Butter
1 TL Currypulver
1 l Gemüsebrühe (Instant)
Pfeffer | 1 Bund Schnittlauch
2 EL körniger Senf

1. Die Graupen in ein Sieb geben und kalt abbrausen. Dann nach Packungsanweisung in Salzwasser in ca. 30 Min. leicht bissfest garen. In ein Sieb abgießen und abtropfen lassen.

2. Inzwischen die Steckrübe schälen und in 2–3 cm große und 5 mm dicke Scheiben schneiden. Die Möhren und Petersilienwurzeln schälen und ebenfalls in ca. 5 mm dicke Scheiben schneiden (sehr dicke Petersilienwurzeln vorher längs halbieren oder vierteln). Den Lauch längs halbieren, gründlich waschen, putzen und in ca. 1 cm breite Streifen schneiden. Die Zwiebeln schälen und fein würfeln.

3. Die Butter in einem Suppentopf schmelzen, darin die Zwiebeln goldgelb anbraten. Das Gemüse dazugeben und unter Rühren 2–3 Min. mitdünsten. Das Currypulver darüberstäuben und kurz anschwitzen. Mit Brühe ablöschen, salzen, pfeffern und alles zugedeckt 25–30 Min. garen.

4. Den Schnittlauch abbrausen, trocken schütteln und in Röllchen schneiden. Die Graupen in den Eintopf geben und warm werden lassen. Die Suppe mit Senf, Salz und Pfeffer abschmecken und mit den Schnittlauchröllchen bestreuen.

GRAUPEN-TOPF MIT SPARGEL UND CHAMPIGNONS

FÜR 4 PERSONEN
ZUBEREITUNGSZEIT CA. 50 MIN.
PRO PORTION CA. 445 KCAL

ZUTATEN
500 g grüner Spargel
250 g braune Champignons
2 Zweige Thymian
2 Schalotten
50 g Butter oder 3 EL Olivenöl
1 getrocknete Chilischote
250 g Gerstengraupen (Perlgraupen)
75 ml Weißwein
600 ml Gemüsebrühe (Instant)
2 EL Olivenöl
Salz | Pfeffer
frisch geriebene Muskatnuss
2–3 Spritzer frisch gepresster Zitronensaft

WEM DAS SCHMECKT, DER MAG AUCH

- die Gemüsesuppe auf Seite **171**
- die Pfannkuchensuppe auf Seite **219**

1. Den Spargel waschen, die holzigen Enden abschneiden und die Stangen schräg in ca. 1 cm breite Stücke schneiden. Die Pilze sauber abreiben, putzen und je nach Größe halbieren oder vierteln. Die Thymianzweige abbrausen und trocken schütteln, die Blättchen abstreifen und fein hacken. Die Schalotten schälen und fein würfeln.

2. Die Butter in einem Topf schmelzen, darin die Schalotten goldgelb anbraten. Die Chilischote fein zerbröseln, mit den Graupen dazugeben und kurz anbraten. Mit dem Wein ablöschen und den Wein vollständig verkochen.

3. Inzwischen die Brühe aufkochen. Ein Drittel der Brühe zu den Graupen in den Topf gießen und den Thymian hinzufügen. Die Graupen zugedeckt bei mittlerer Hitze 20 Min. garen, dabei nach und nach die restliche Brühe dazugießen und umrühren. Die Spargelstücke unterrühren und die Graupen in weiteren ca. 10 Min. weich garen.

4. Inzwischen das Öl in einer Pfanne erhitzen, darin die Pilze unter Rühren in 3–4 Min. braun braten. Mit Salz und Pfeffer würzen. Die Pilze unter die Graupen heben und mit Salz, Pfeffer, Muskatnuss und Zitronensaft abschmecken.

66

SCHWEINEFILET

GÄSTEFEIN: GLASIERTES SCHWEINEFILET MIT SELLERIE-ORANGEN-GEMÜSE

FÜR 4 PERSONEN
ZUBEREITUNGSZEIT CA. 30 MIN.
MARINIERZEIT 1 STD.
PRO PORTION CA. 305 KCAL

ZUTATEN
2 Bio-Orangen
4 EL helle Sojasauce
3 EL Honig
Pfeffer
1 Schweinefilet (ca. 500 g)
1 Staudensellerie
75 g Kumquats (Zwergorangen)
2 EL neutrales Pflanzenöl
125 ml Gemüsebrühe (Instant)
Meersalz (z. B. Fleur de Sel)

1. Die Orangen heiß waschen und gut abtrocknen. Die Schale fein abreiben und mit der Sojasauce und dem Honig verquirlen. Kräftig pfeffern. Das Schweinefilet mit Küchenpapier trocken tupfen. In der Marinade wenden und zugedeckt kurz ziehen lassen. Für noch mehr Aroma gerne auch 1 Std. in den Kühlschrank stellen.

2. Den Sellerie waschen und putzen. Schöne Blätter für die Garnitur beiseitelegen, die Stangen schräg in Scheiben schneiden. Die Kumquats heiß waschen und abtrocknen, dann in Scheiben schneiden.

3. Das Öl in einer breiten Pfanne erhitzen. Das Schweinefilet abtropfen lassen, trocken tupfen und in der Pfanne bei mittlerer Hitze rundherum kräftig anbraten. Den Sellerie und die Kumquats dazugeben und unter Rühren kurz mit anbraten. Die Brühe und die Marinade angießen, alles zugedeckt ca. 15 Min. bei mittlerer Hitze garen, zwischendurch umrühren und das Schweinefilet wenden.

4. Inzwischen die Orangen mit einem scharfen Messer bis ins Fruchtfleisch schälen, sodass auch die weiße Innenhaut entfernt wird. Filetieren, abtropfenden Saft dabei auffangen. Orangenfilets und Orangensaft in die Pfanne geben und kurz erhitzen.

5. Das Schweinefilet aus der Pfanne nehmen und schräg in Scheiben schneiden. Mit dem Sellerie-Orangen-Gemüse anrichten. Das beiseitegelegte Selleriegrün hacken und darüberstreuen. Zuletzt etwas Meersalz daraufstreuen. Zu den leicht süßlichen Schweinefilets passt sehr gut Reis.

WEM DAS SCHMECKT, DER MAG AUCH

- der Sauerbraten auf Seite **29**
- die Schnitzel mit Sauce auf Seite **38**

NOCH MAL ANDERS
Asien-Fans kombinieren das marinierte Schweinefilet mit einer Mischung aus Sellerie und dazu Chinakohl und Mungobohnensprossen. Am besten man gibt den Kohl und die Sprossen nur für 3–4 Min. zu den übrigen Zutaten, sonst wird das Gemüse zu weich. Die Marinade zusätzlich mit 1–2 TL Fünf-Gewürze-Pulver würzen. Reis passt natürlich auch dann als Beilage. Den feinen Duftreis nehmen und etwas Koriandergrün daraufstreuen.

DIE ABGEFAHRENSTEN *Eis-Trends*

Kurioserweise essen ausgerechnet die Skandinavier das meiste Eis – die Finnen belegen Platz 1. Andere Länder führen das Ranking zwar nicht an, machen dafür aber ziemlich irre Sachen:

1. **Schwarze Detox-Eiscreme** mit Kokosnuss-Asche. (New York, USA)
2. **Das teuerste Eis der Welt** mit iranischem Safran und schwarzem Trüffel für über 700 Euro. (Dubai, Vereinigte Arabische Emirate)
3. **Ein Monster-Eisbecher** mit unfassbaren 22 Kugeln. (Bangkok, Thailand)
4. **Acht Softeiscreme-Schichten** in einer Waffel übereinandergestapelt. (Tokio, Japan)
5. **Das höchste Waffeleis der Welt:** 3,08 Meter hoch, fast eine Tonne schwer, gefüllt mit 1.080 Litern Eiscreme. (Weltrekord 2015, Kristiansand, Norwegen)

Das ist echt cool

WEM DAS SCHMECKT, DER MAG AUCH

- die Beeren-Minis auf Seite **116**
- die Crêpes auf Seite **163**

Sarah, GU-Presse & PR

Der neueste healthy Trend ist die Nicecream. Sie wird aus gesunden Zutaten wie Früchten und Zuckeralternativen gemacht.

67

EIS

FRUCHTIG-AROMATISCHES BLITZEIS: ERDBEER-HOLUNDER-EISBECHER

FÜR 4 PERSONEN
ZUBEREITUNGSZEIT CA. 20 MIN.
PRO PORTION CA. 335 KCAL

ZUTATEN
300 g TK-Erdbeeren
200 g Crème fraîche
130 ml Holunderblütensirup
250 g frische Erdbeeren
2 TL Zitronensaft
30 g weiße Schokolade
8 Melisseblättchen (nach Belieben)

1. Die TK-Erdbeeren unaufgetaut mit der Crème fraîche und 100 ml Holunderblütensirup in eine hohe Rührschüssel geben und mit dem Pürierstab zu einer feinen Eiscreme pürieren. Die Eiscreme noch 10 Min. in das Tiefkühlfach stellen.

2. Inzwischen die frischen Erdbeeren waschen, von den Kelchen befreien, putzen und in dünne Scheiben schneiden. Die Hälfte der Erdbeerscheiben zusammen mit dem restlichen Holunderblütensirup und dem Zitronensaft mit dem Pürierstab fein pürieren. Die weiße Schokolade nicht zu fein hacken. Nach Belieben noch die Melisseblättchen abbrausen und trocken tupfen.

3. Das Eis aus dem Tiefkühlfach nehmen und mit einem Eisportionierer oder einem Esslöffel pro Portion 2 Kugeln abstechen und auf vier Schüsselchen, Tassen oder Gläser verteilen. Die Erdbeersauce über das Eis träufeln, die übrigen Erdbeerscheiben rundherum verteilen. Den Eisbecher mit der Schokolade bestreuen und eventuell den Melisseblättchen garnieren. Sofort servieren.

DIE EIGENE GELATERIA

Zur Saison im Juni bis Anfang Juli gibt es aromatische Erdbeeren im Überfluss. Dann bietet es sich an, frische Erdbeeren zu putzen und einzufrieren, statt auf fertige TK-Ware aus dem Laden zurückzugreifen.
Für das blitzschnelle Eis ganz ohne Eismaschine brauchst du immer eine Kombination aus Tiefkühlfrüchten und frischen Früchten. Der Sortenvielfalt sind fast keine Grenzen gesetzt, du kannst experimentieren und immer wieder neue Kombinationen ganz nach deinem Geschmack kreieren.

68

FLAMMKUCHEN

DIE BELIEBTEN ELSÄSSISCHEN TEIGFLADEN – ZUM REINBEISSEN GUT

FÜR 2 PERSONEN
ZUBEREITUNGSZEIT CA. 50 MIN.
PRO PORTION CA. 900 KCAL

ZUTATEN

FÜR DEN FLAMMKUCHEN
4 Scheiben TK-Hefeteig (450 g)
80 g durchwachsener Räucherspeck (ohne Schwarte)
100 g saure Sahne
Pfeffer
4 Frühlingszwiebeln

FÜR DEN SALAT
1/2 Kopf Salat (z. B. Eisbergsalat)
1 kleine Dose Maiskörner (140 g Abtropfgewicht)
100 g saure Sahne
1 TL mittelscharfer Senf
2–3 EL Zitronensaft
Salz | Pfeffer | Zucker

AUSSERDEM
Backpapier
Mehl zum Arbeiten

WEM DAS SCHMECKT, DER MAG AUCH

die Pizza auf Seite **11**

die Quiche auf Seite **111**

1. Hefeteig auftauen lassen. Jeweils 2 Scheiben zugleich ca. 1 Min. mit warmen Händen durchkneten und zu einer Kugel formen. Die beiden Teigkugeln 30 Min. mit einem sauberen Geschirrtuch abgedeckt bei Zimmertemperatur »gehen«, also ruhen und das Volumen vergrößern lassen. Inzwischen den Speck fein würfeln.

2. Den Backofen auf 220° vorheizen, ein Blech mit Backpapier belegen. Den Teig auf der bemehlten Arbeitsfläche mit einer Teigrolle zu 2 ovalen Fladen von je 30 cm Länge ausrollen und nebeneinander auf das Blech legen. Mit je 50 g saurer Sahne bestreichen, dabei jeweils einen Rand von ca. 2 cm frei lassen. Den Speck darauf verteilen und leicht pfeffern. Im Ofen (Mitte) in 12–15 Min. knusprig braun backen. Die Frühlingszwiebeln putzen, waschen und in feine Ringe schneiden.

3. Inzwischen den Salat waschen, in einem Sieb abtropfen lassen und in Stücke zupfen. Den Mais in ein Sieb abgießen und abtropfen lassen. 100 g saure Sahne, Senf und Zitronensaft in einer Salatschüssel mit je 1 Prise Salz, Pfeffer und Zucker verrühren. Salat und Mais mit dem Dressing mischen.

4. Die Flammkuchen aus dem Backofen nehmen und mit den Frühlingszwiebelringen bestreuen. Den Salat dazu servieren.

HEFETEIG – GANZ LEICHT SELBST GEMACHT

Wer Zeit und Lust hat, knetet den Hefeteig selbst. Dafür zunächst einmal: Heizung an und Fenster zu, denn der Hefeteig braucht bei der Zubereitung einen warmen, zugluftfreien Ort! Für den Teig 300 g Mehl in eine Schüssel sieben, in die Mitte eine Mulde drücken. 1/2 Würfel frische Hefe (21 g; gibt's im Kühlregal) zusammen mit 1/4 TL Zucker in 150 ml lauwarmem Wasser auflösen und in die Mulde gießen. Mit einem Küchentuch abgedeckt 30 Min. gehen lassen, d. h. die Hefepilze beginnen zu arbeiten und bilden Blasen. Dann 1 TL Salz und 2 EL Olivenöl dazugeben, untermischen und alles auf die Arbeitsfläche geben. Nun ca. 5 Min. kräftig mit den Händen durchkneten, bis ein elastischer Teig entsteht. Diesen zu einer Kugel formen und zugedeckt ca. 1 Std. gehen lassen, bis er sein Volumen verdoppelt hat. Braucht etwas Zeit, ist aber wirklich nicht schwierig!

GYROS & DÖNER

HIER TREFFEN SICH GRIECHISCHES UND TÜRKISCHES FASTFOOD

FLADENBROT MIT GYROS

FÜR 4 PERSONEN
ZUBEREITUNGSZEIT CA. 35 MIN.
PRO PORTION CA. 835 KCAL

ZUTATEN

400 g Putenschnitzel
Salz | Pfeffer
1 Knoblauchzehe
4 EL Olivenöl
je 1 EL frische Thymian- und Oreganoblättchen (ersatzweise je 1 TL getrocknete Kräuter)
1 TL rosenscharfes Paprikapulver
2 EL Sesamsamen
400 g griechischer Joghurt (10 % Fett)
8 Blätter Eichblattsalat
1 Fladenbrot (ca. 500 g)

1. Die Putenschnitzel trocken tupfen und mit Salz und Pfeffer würzen. Den Knoblauch schälen und in feine Würfel schneiden. Diese mit dem Öl, Thymian, Oregano und Paprikapulver vermischen. Die Schnitzel damit bestreichen.

2. Den Backofengrill oder Backofen auf 250° (Umluft nicht geeignet) vorheizen. Alufolie auf den Rost legen, die Schnitzel darauflegen und unterm Grill oder im Backofen (2. Schiene von oben) von beiden Seiten je 4–5 Min. grillen. Das Fleisch kurz ruhen lassen, dann in Scheibchen schneiden.

3. Die Sesamsamen in einer Pfanne ohne Fett goldbraun rösten. Mit Joghurt, Salz und Pfeffer verrühren. Den Salat putzen, waschen und trocken schütteln.

4. Fladenbrot in 4 Stücke schneiden und diese waagerecht aufschneiden, sodass sie am hinteren Rand zusammenhalten. Die Brottaschen innen mit Joghurt einstreichen, mit Salat und Gyros füllen. Den übrigen Joghurt auf dem Fleisch verteilen. Die Brote leicht zusammendrücken.

5. Wer Fleisch und Salat nicht so gerne samt dem Brot isst, weil es oft dabei kleckert, richtet alles auf Tellern an.

DÖNER MIT KRAUT

FÜR 4 PERSONEN
ZUBEREITUNGSZEIT
CA. 1 STD. 20 MIN.
KÜHLZEIT 1 STD.
PRO PORTION CA. 825 KCAL

ZUTATEN

FÜR DAS FLEISCH
2 Zweige Thymian
2 Knoblauchzehen
2 TL edelsüßes Paprikapulver
2 TL Harissa (Chiliwürzpaste)
4 EL Olivenöl
3 Rinderhüftsteaks (je ca. 180 g)
Salz

FÜR DAS KRAUT
300 g Weißkohl
250 g Rotkohl
1 EL Zucker | Salz
3 EL Weißweinessig
1 EL Sonnenblumenöl
2 EL Mayonnaise
(s. S. 25 oder Fertigprodukt)
Pfeffer

AUSSERDEM
2 rote Zwiebeln
1 großes Fladenbrot
200 g griechischer Joghurt
(10 % Fett)
2 TL Pul Biber
(türkische Paprikaflocken)

WEM DAS SCHMECKT, DER MAG AUCH

- den Hamburger auf Seite **79**
- die Texmex-Tacos auf Seite **213**

1. Für das Fleisch den Thymian abbrausen und trocken schütteln, die Blättchen fein hacken. Knoblauch schälen und durch die Presse drücken. Beides mit Paprika, Harissa und 2 EL Öl verrühren. Fleisch in dünne Streifen schneiden und mit der Würzpaste vermischen. Abgedeckt 1 Std. kalt stellen.

2. Vom Kohl Strunk und äußere Blätter entfernen. Den Kohl dünn hobeln und mit Zucker und 1/2 TL Salz in eine Schüssel geben. 3 Min. kräftig durchkneten. Essig, Sonnenblumenöl und Mayonnaise untermischen, mit Salz und Pfeffer würzen. Die Zwiebeln schälen und in dünne Ringe hobeln.

3. Das übrige Olivenöl in zwei großen Pfannen erhitzen. Die Fleischstreifen auf die Pfannen verteilen und unter Rühren 6 Min. bei starker Hitze braten. Mit Salz würzen.

4. Das Fladenbrot vierteln und waagerecht ein-, aber nicht durchschneiden. Die Brotviertel nacheinander auf einem Toaster rösten. Das Fleisch mit Kraut, Zwiebeln und Joghurt in die Brottaschen füllen. Das Pul Biber darüberstreuen.

5. Auch sehr fein: Ein paar Tomatenscheiben und Blattsalat in schmalen Streifen mit ins Brot füllen.

70

CRÊPES

CRÊPES SUZETTE – UNWIDERSTEHLICH GUT

FÜR 4 PERSONEN
ZUBEREITUNGSZEIT CA. 1 STD.
RUHEZEIT 2 STD.
PRO PORTION CA. 365 KCAL

ZUTATEN

FÜR DIE CRÊPES
30 g Butter | 80 g Mehl
Salz | 1 TL Vanillezucker
200 ml Milch (3,5 % Fett)
2 Eier (Größe M) | 2 Eigelb (Größe M)
1 TL abgeriebene Bio-Orangenschale
2 EL Butter zum Backen

FÜR DEN SIRUP
2 Bio-Orangen
10 Stück Würfelzucker
30 g Butter
2 EL Orangenlikör (z. B. Grand Marnier oder Cointreau)

AUSSERDEM
Crêpepfanne (sehr flache Eisenpfanne)
runder Holzschieber

1. Für die Crêpes die Butter zerlassen. Das Mehl mit 1 Prise Salz, dem Vanillezucker und der Milch glatt rühren. Eier, Eigelbe, flüssige Butter und Orangenschale unterrühren. Den Teig zugedeckt ca. 2 Std. im Kühlschrank ruhen lassen.

2. Für den Sirup die Orangen heiß waschen und abtrocknen. Den Würfelzucker an der Orangenschale reiben, bis die Zuckerstücke rundum gelb gefärbt und mit dem aromatischen Öl der Früchte durchzogen sind. Die Orangen halbieren und den Saft auspressen. Die Butter zusammen mit den Zuckerstücken in eine Pfanne geben, erhitzen und leicht karamellisieren. Den Orangensaft und den Orangenlikör unterrühren und ca. 2 Min. sanft kochen.

3. Den Teig durchrühren. Etwas Butter in der Crêpepfanne erhitzen, mit einer kleinen Kelle etwas Teig hineingeben und sofort mit einem Holzschieber hauchdünn in der Pfanne verteilen. Den Crêpe bei starker Hitze goldbraun backen, mit einem Holzpfannenwender wenden und auf der anderen Seite backen. Auf diese Weise nacheinander 8 Crêpes backen.

4. Die Crêpes jeweils zu Viertelkreisen zusammenklappen und in eine weitere große Pfanne legen. Den Orangensirup darübergießen und bei mittlerer Hitze erhitzen. Die Crêpes Suzette sehr heiß servieren.

FLAMBIERTE CRÊPES

Für einen tollen Show-Effekt kannst du die Crêpes Suzette bei Tisch flambieren. Dafür 3–4 EL Orangenlikör in einem kleinen Topf erhitzen, über die mit Orangensirup getränkten Crêpes gießen und mit einem Streichholz anzünden.

WEM DAS SCHMECKT, DER MAG AUCH

- die Pfannkuchen auf Seite **16**
- der Waffeln auf Seite **229**

71

OFENGEMÜSE

BUNTER WINTERSPASS MIT WURZELGEMÜSE AUS DEM OFEN

FÜR 4–6 PERSONEN
ZUBEREITUNGSZEIT CA. 25 MIN.
GARZEIT 1 STD. 5 MIN.
PRO PORTION CA. 235 KCAL (BEI 6 PERSONEN)

ZUTATEN

500 g Kürbis (z. B. Moschuskürbis, geputzt ca. 400 g)
3 Rote Beten (je ca. 150 g)
250 g Pastinaken
250 g Petersilienwurzeln
250 g Möhren
2 Stangen Lauch
2 Gemüsezwiebeln
2–3 Knoblauchzehen
8 Zweige Thymian
2 Zweige Rosmarin
1 getrocknete Chilischote
1 EL Koriandersamen
6 EL Olivenöl
Salz | Pfeffer
100 ml Weißwein (ersatzweise frisch gepresster Orangensaft)
100–150 ml Gemüsebrühe (Instant)

1. Den Backofen auf 200° vorheizen. Vom Kürbis faseriges Inneres samt Kernen und die Schale wegschneiden. Rote Beten, Pastinaken, Petersilienwurzeln und Möhren schälen (bei den Roten Beten am besten Einweghandschuhe tragen, da sie stark färben). Kürbis in 4–5 cm große Stücke schneiden, Rote Beten achteln. Pastinaken, Petersilienwurzeln und Möhren je nach Dicke längs halbieren oder ganz lassen und in 4–5 cm lange Stücke schneiden. Den Lauch längs einschneiden, waschen, putzen und in 4 cm dicke Ringe schneiden.

2. Die Zwiebeln schälen, halbieren und in ca. 2 cm breite Spalten schneiden. Den Knoblauch schälen und in feine Scheiben schneiden. Die Kräuterzweige abbrausen, trocken schütteln und in Stücke schneiden. Die Chilischote und den Koriander in einem Mörser grob zerstoßen.

3. Das Gemüse und die Zwiebelspalten in ein tiefes Backblech geben und mit Öl, Knoblauch, Kräutern, Chili und Koriander mischen, kräftig mit Salz und Pfeffer würzen. Im Ofen (Mitte) 10–15 Min. garen. Dann Wein und 100 ml Brühe angießen, alles durchrühren und mit Backpapier gut abdecken, weitere 30 Min. garen. Papier abnehmen, Gemüse nochmals durchrühren und offen in weiteren 10–20 Min. bräunen, dabei eventuell noch ein wenig Brühe angießen.

4. Das Ofengemüse schmeckt mit Brot und eventuell Schafskäse. Wer eine Beilage möchte, gibt gleich von vorneherein 300 g Kartoffeln in Stücken mit aufs Blech, oder schiebt ein zweites Blech mit Speckkartoffeln (s. Tipp) mit in den Backofen.

DAZU SCHMECKEN SPECKKARTOFFELN

Dafür 12 nicht zu große festkochende Kartoffeln waschen und in Salzwasser in 15–20 Min. garen. Dann abgießen, ausdampfen lassen und pellen. 12 Zweige Thymian abbrausen, trocken schütteln und die Blättchen abzupfen. Ein Backblech mit Backpapier auslegen. 12 Scheiben Speck auf der Arbeitsfläche auslegen und mit Thymian bestreuen. Je 1 Kartoffel auf 1 Speckscheibe legen und fest darin einrollen. Mit der Nahtseite nach unten auf das Backblech legen und im Ofen zusammen mit dem Gemüse ca. 15 Min. backen, bis der Speck knusprig braun ist.

WEM DAS SCHMECKT, DER MAG AUCH

- die Gemüsepfanne auf Seite **99**
- das Kartoffelgratin auf Seite **93**

72

TIRAMISU

HIMMLISCH GUTE ITALIENISCHE NACHSPEISE – HIER GANZ KLASSISCH

FÜR 2–4 PERSONEN
ZUBEREITUNGSZEIT CA. 40 MIN.
KÜHLZEIT 3 STD.
PRO PORTION CA. 615 KCAL
(BEI 4 PERSONEN)

ZUTATEN

1 doppelter Espresso (ca. 50 ml)
1 kleines Stück Bourbon-Vanilleschote (ca. 1 cm) oder 1 Msp. Vanillemark
1/2 kleine Bio-Zitrone
2 ganz frische Eier (Größe S oder M)
3 EL heller Rohrohrzucker (am besten Muscovadozucker)
350 g Mascarpone
80–100 g Löffelbiskuits
2 EL Amaretto (italienischer Mandellikör) oder Marsala (italienischer Dessertwein)

AUSSERDEM

1 Auflaufform (ca. 600 ml Inhalt)
dunkles Kakaopulver zum Bestäuben

1. Den Espresso frisch zubereiten und abkühlen lassen. Das Vanilleschotenstück aufschlitzen und das Mark herauskratzen. Die Zitronenhälfte heiß waschen und abtrocknen, die Schale fein abreiben.

2. Die Eier trennen. Die Eiweiße steif schlagen, dabei zum Schluss 1 EL Zucker einrieseln lassen. Die Eigelbe mit dem übrigen Zucker in knapp 5 Min. hellschaumig aufschlagen. Löffelweise den Mascarpone dazugeben und alles zu einer dicken Creme verrühren. Das Vanillemark und die Zitronenschale darunterrühren. Zuletzt den Eischnee vorsichtig unterheben.

3. Die Auflaufform dicht an dicht mit der Hälfte der Biskuits auslegen. Ist sie oval oder rund, die Löffelbiskuits passend brechen, sodass sich der Boden damit bedecken lässt; dann sollte die Form der Optik wegen besser nicht aus Glas sein.

4. Den abgekühlten Espresso mit dem Amaretto beziehungsweise Wein verrühren. Die Biskuits in der Form mit der Hälfte der Mischung gleichmäßig beträufeln. Dann die Hälfte der Creme auf die Biskuits streichen und die restlichen Biskuits auf die Cremeschicht legen. Mit dem übrigen Espresso beträufeln und alles mit der restlichen Mascarponecreme bedecken.

5. Das Tiramisu mit Frischhaltefolie abdecken, in den Kühlschrank stellen und mindestens 3, besser noch bis zu 12 Std. ziehen und gut durchkühlen. Erst direkt vor dem Servieren die Oberfläche dick mit dunklem Kakaopulver bestäuben.

VARIATIONEN JE NACH GESCHMACK

Wer kein rohes Ei essen mag oder ganz auf Eier verzichtet, rührt den Mascarpone mit etwas mehr Vanillemark und 2 EL Joghurt cremig. Statt mit Amaretto oder Marsala kannst du den Espresso – je nach privater Bar – mit Grappa, Cognac oder Armagnac mischen. Für eine alkoholfreie Version badest du die Löffelbiskuits einfach in etwas flüssigem Kakao.

WEM DAS SCHMECKT, DER MAG AUCH

den Erdbeer-Eisbecher auf Seite **157**

den Grießflammeri auf Seite **173**

Die heißesten Food-Trends

MANCHE FOOD-TRENDS VERSCHWINDEN GENAUSO SCHNELL, WIE SIE GEKOMMEN SIND. ANDERE BLEIBEN UNS ERHALTEN. SO ODER SO – ES IST AUF JEDEN FALL SEHR UNTERHALTSAM, SIE MAL GENAUER UNTER DIE LUPE ZU NEHMEN. DAS IS(S)T MAN ALSO HEUTZUTAGE …

BUDDHA BOWL

Die Buddha Bowl ist eine Schüssel, die von ihrer Form her an den rundlichen, gemütlichen Bauch eines wohlgenährten Buddhas erinnert und die mit allerhand gesunden Zutaten gefüllt wird. Beliebtheitsfaktor: hoch! Kein Wunder, die kunterbunten Gerichte sehen ja auch sooo hübsch aus.

SOUPING

Ist das neue »Juicing«. Statt den Körper mit Säften zu entgiften, steht die »cleane« Suppe auf dem Detox-Speiseplan. Morgens einen Smoothie schlürfen, mittags eine Suppe löffeln, abends eine Pizza essen? Falls dieser Trend so funktionieren sollte, schmeißen wir jeden Tag eine Souping-Party!

MEAL PREPPING

Omas Einmachküche reloaded! Hinter diesem Trend steckt das Revival des guten alten Vorkochens. Zutaten frisch einkaufen, sofort zu Gerichten verarbeiten und dann kommen sie bis zu ihrem Einsatz ab in die Frischhaltebox.

BRINNER

Den »Brunch« kennen wir ja alle. Aber was um Himmels willen ist ein »Brinner«? Der Begriff ist eine Kombination aus den beiden englischen Wörtern »**Breakfast**« (Frühstück) und »**Dinner**« (Abendessen). Gemeint ist eine gute Ausrede dafür, typische Frühstücksgerichte wie Pancakes oder Croissants auch abends essen zu dürfen. Ach, warum nicht? Soulfood für alle!

HYBRID-FOOD: DIE VERRÜCKTESTEN *Fusionen*

Mufgel =
MUFFIN UND BAGEL

Ice 'n' Fries =
SOFTEIS UND POMMES

Macaronuts =
MACARONS UND DONUTS

Süßkartoffel-Toast

Da haben sich die Low-Carb-Jünger ja mal wieder etwas Feines einfallen lassen. Weil sie auf kohlenhydratreiches Brot verzichten möchten, schneiden sie Süßkartoffeln in Scheiben und stecken sie in den Toaster. Ähnliche Ersatzqualitäten bietet übrigens der Blumenkohl – er lässt sich zu Alibi-Pizzateig oder Mogel-Sushi-Reis umfunktionieren.

JACKFRUIT

Dieser stachelige Geselle ist eine exotische Frucht, die ein bisschen wie eine Mischung aus Ananas und Banane schmeckt. Was die Jackfruit hier zu suchen hat? Sie wird von Veganern und Vegetariern als Fleischersatz hochgelobt. Ja, richtig gelesen: Du kannst sie braten, backen, grillen oder zwischen zwei Burgerbrötchenhälften packen. Praktischerweise gibt's das Fruchtfleisch mittlerweile fix und fertig in der Dose – z.B. im Asialaden.

73

GEMÜSESUPPE

JE BUNTER DIE MISCHUNG, DESTO BESSER: DIE SOMMERGEMÜSESUPPE MIT GREMOLATA

FÜR 4 PERSONEN
ZUBEREITUNGSZEIT CA. 40 MIN.
PRO PORTION CA. 140 KCAL

ZUTATEN

FÜR DIE SUPPE
800 g gemischtes Sommergemüse (z. B. Zucchini, Paprikaschoten, junge Möhren, Blumenkohl oder Brokkoli, Dicke Bohnen, Erbsen)
Salz | 200 g Tomaten
1 Zwiebel
1 großer Zweig Rosmarin
1 großer Zweig Salbei
4 Zweige Thymian
4 Zweige Oregano
2 EL Olivenöl | 1/2 TL Chiliflocken
1 l Gemüsebrühe (Instant) | Pfeffer

FÜR DIE GREMOLATA
(ITALIENISCHE WÜRZMISCHUNG)
1/2 Bio-Zitrone
1 Bund Petersilie
2 junge Knoblauchzehen

1. Für die Suppe das Gemüse waschen oder schälen und putzen. Die Zucchini, Paprikaschoten und Möhren würfeln. Den Blumenkohl oder Brokkoli in Röschen teilen, die Stiele schälen und würfeln. Dicke Bohnen und Erbsen auspalen. Die Bohnen in kochendem Salzwasser 5 Min. garen, in ein Sieb abgießen und kalt abschrecken. Danach die Kerne aus den hellen Häuten drücken.

2. Die Tomaten kurz in kochendes Wasser geben, dann häuten und in kleine Würfel schneiden, dabei die Stielansätze entfernen. Die Zwiebel schälen und ebenfalls klein würfeln. Die Kräuter waschen und gut trocken schütteln, Nadeln und Blättchen abzupfen und fein schneiden.

3. Das Olivenöl in einem Suppentopf erhitzen und die Zwiebelwürfel und die Kräuter darin 2–3 Min. anbraten. Das gewürfelte Gemüse (ohne Tomaten), die Bohnen und die Erbsen dazugeben und ebenfalls kurz anbraten. Die Chiliflocken einstreuen und die Gemüsebrühe angießen. Die Suppe aufkochen und bei mittlerer Hitze 12–15 Min. kochen, bis das Gemüse bissfest ist.

4. Gremolata ist eine italienische Würzmischung mit sehr frischen Aromen, die erst ganz zum Schluss auf die warmen Gerichte gegeben wird. Dafür die Zitrone heiß abwaschen, abtrocknen und die Schale dünn abschälen. Petersilie waschen und trocken schütteln, die Blättchen abzupfen. Den Knoblauch schälen und mit Zitronenschale und Petersilie sehr fein hacken.

5. Die Tomatenwürfel in die Suppe rühren und darin erwärmen. Die Suppe mit Salz und Pfeffer abschmecken und in vier Suppenteller verteilen. Jeweils mit 1 TL Gremolata bestreuen und sofort servieren. Dazu schmeckt frisch geriebener Montello, Parmesan oder Grana Padano und knuspriges Brot.

WEM DAS SCHMECKT, DER MAG AUCH

- die Kürbissuppe auf Seite **210**
- den Gemüseauflauf auf Seite **35**

GRIESSBREI

EIN ESSEN FÜR ZWEI ODER EIN NACHTISCH FÜR VIER – UND EIN GENUSS FÜR ALLE

MANDEL-GRIESSBREI MIT NEKTARINEN

FÜR 4 PERSONEN
ZUBEREITUNGSZEIT CA. 30 MIN.
PRO PORTION CA. 475 KCAL

ZUTATEN
500 g Nektarinen
100 ml frisch gepresster Orangensaft
2 EL Honig
1 TL Johannisbrotkernmehl (Reformhaus oder Bioladen)
1 Msp. Zimtpulver | 1 l Mandeldrink
4 EL Vollrohrzucker
1 TL abgeriebene Schale von 1 Bio-Orange
40 g Butter | 100 g Dinkelvollkorngrieß | 2 Eier (Größe M)
2 EL gehobelte Mandeln

1. Die Nektarinen waschen, halbieren, entsteinen und in Spalten schneiden. Orangensaft, 100 ml Wasser, Honig und Johannisbrotkernmehl in einem Topf verrühren und aufkochen. Nektarinen und Zimt dazugeben und zugedeckt bei schwacher Hitze 4–5 Min. dünsten, dabei ab und zu umrühren. Das Kompott vom Herd nehmen.

2. Den Mandeldrink mit Zucker, der Orangenschale und Butter zum Kochen bringen. Den Grieß einrieseln lassen, dann durchrühren, kurz aufkochen und ohne weitere Hitze zugedeckt ca. 5 Min. quellen lassen.

3. Inzwischen die Eier nacheinander unter den Grießbrei rühren. Den Brei auf vier Schalen oder tiefe Teller verteilen. Die Hälfte vom Kompott darauf anrichten und mit den Mandeln – nach Belieben geröstet – bestreuen. Das übrige Kompott extra dazu servieren.

WIE ES EUCH GEFÄLLT

Die Früchte zum Grießbrei kann man natürlich variieren, je nach Jahreszeit und Vorlieben: zum Beispiel mit Himbeeren und Kirschsaft oder Birnen und Apfelsaft.

GRIESS-FLAMMERI MIT HIMBEEREN

FÜR 4 PERSONEN
ZUBEREITUNGSZEIT CA. 35 MIN.
KÜHLZEIT 2 STD.
PRO PORTION CA. 410 KCAL

ZUTATEN
3 Eier (Größe M)
500 ml Milch (3,5 % Fett)
100 g Zucker
1 TL abgeriebene Bio-Zitronenschale
Salz | 60 g Hartweizengrieß
50 g helle Rosinen
250 g Himbeeren (frisch oder TK)
250 ml Rotwein (ersatzweise roter Traubensaft)
1 EL Speisestärke

WEM DAS SCHMECKT, DER MAG AUCH

den Milchreis auf Seite **90**

den Schokopudding auf Seite **220**

1. Die Eier trennen und die Eigelbe mit 2 EL Milch verquirlen. Übrige Milch in einem Topf mit 50 g Zucker, Zitronenschale, 1 Prise Salz und dem Grieß verrühren und bei mittlerer Hitze unter ständigem Rühren langsam bis zum Siedepunkt erhitzen. Die Hitze reduzieren und den Grieß in ca. 5 Min. dick ausquellen lassen, dabei ständig weiterrühren.

2. Brei vom Herd nehmen, Rosinen untermischen, kurz abkühlen lassen. Die Eigelb-Mischung rasch unterrühren.

3. Die Eiweiße mit 2 EL Zucker steif schlagen und unter die Grießmasse heben. Dessertförmchen kurz mit kaltem Wasser ausspülen, den Grießbrei darin verteilen und abgedeckt für mindestens 2 Std. in den Kühlschrank stellen.

4. Die Himbeeren pürieren und durch ein Sieb streichen. Mit Rotwein oder Traubensaft und restlichem Zucker aufkochen. Die Stärke mit etwas kaltem Wasser anrühren, zur Himbeersauce geben und aufwallen lassen. Vom Herd nehmen und abkühlen lassen, dabei ab und zu umrühren.

5. Die Flammeris am Rand mit einem spitzen Messer lösen, auf Dessertteller stürzen und mit Himbeersauce übergießen.

75

OFENKARTOFFELN

UNSERE LIEBLINGSKOMBI: OFENKARTOFFELN MIT MATJES-SCHMAND

FÜR 4 PERSONEN
ZUBEREITUNGSZEIT CA. 1 STD. 10 MIN.
PRO PORTION CA. 410 KCAL

ZUTATEN
4 große vorwiegend festkochende Kartoffeln (je ca. 180 g)
1 kg Salz

FÜR DEN MATJES-SCHMAND
1 Bund Frühlingszwiebeln
4 Wacholderbeeren
2 säuerliche Äpfel (z. B. Boskop)
2 EL Butter
1/4 TL Zucker
100 ml trockener Cidre (französischer Apfelwein)
6 Matjesfilets (je ca. 40 g)
100 g Schmand (24 % Fett)
50 g Joghurt (3,5 % Fett)
weißer Pfeffer

AUSSERDEM
Alufolie

1. Den Backofen auf 200° vorheizen. Die Kartoffeln gründlich waschen und mit einer Gabel rundum mehrmals einstechen. Die Kartoffeln einzeln in Alufolie wickeln. Das Salz in einer ausreichend großen Form als 1–2 cm hohe Schicht verteilen. Die Kartoffeln daraufsetzen und im Backofen (Mitte) 1 Std. garen. (Die Folienkartoffeln bekommen hier ein Salzbett, weil sie so gleichmäßiger gar werden. Auf einem Gitter oder Blech brennt die Schale leicht an.)

2. Inzwischen für den Matjes-Schmand die Frühlingszwiebeln putzen, waschen und in 1 cm dicke Ringe schneiden. Wacholderbeeren mit einem schweren Topf oder im Mörser zerdrücken. Die Äpfel schälen, vierteln und das Kerngehäuse entfernen. Die Apfelviertel in 1 cm große Würfel schneiden.

3. Die Wacholderbeeren in einem Topf ohne Fett bei mittlerer Hitze 1 Min. anrösten. Die Butter dazugeben und schmelzen. Dann Frühlingszwiebeln und Äpfel dazugeben und mit dem Zucker bestreut 1 Min. anbraten. Mit Cidre ablöschen und kurz kräftig aufkochen. Anschließend abkühlen lassen.

4. Die Matjesfilets mit kaltem Wasser abspülen, trocken tupfen und in 1 cm große Würfel schneiden. Schmand und Joghurt mit der Apfel-Zwiebel-Mischung und den Matjeswürfeln mischen, kräftig pfeffern. Matjes-Schmand beiseitestellen und gut durchziehen lassen, bis die Kartoffeln gar sind.

5. Die Kartoffeln sind gar, wenn man ein kleines Messer fast ohne Widerstand hineinstechen kann. Die Kartoffeln in der Folie auf Teller verteilen, Folie öffnen (Vorsicht, heiß), Kartoffeln kreuzweise einschneiden und etwas aufdrücken.
Die Kartoffeln isst man am besten mit einem kleinen Löffel. Den Matjes-Schmand nach Belieben auf die Kartoffel geben oder extra dazu servieren.

WEM DAS SCHMECKT, DER MAG AUCH

- die Bratkartoffeln auf Seite **75**
- die Kartoffelpuffer auf Seite **66**

JEDE MENGE ALTERNATIVEN

Statt mit Matjes schmecken die Folienkartoffeln natürlich genauso gut mit Kräuterquark, Räucherlachs oder würzigen Dips, zum Beispiel dem Schnittlauch-Dip auf Seite 45. Sie passen auch hervorragend zum Steak auf Seite 23.

76

COUSCOUS-SALAT

TOLLES SOMMERGERICHT: KRÄUTER-COUSCOUS-SALAT MIT GEMÜSE

FÜR 4 PERSONEN
ZUBEREITUNGSZEIT CA. 35 MIN.
PRO PORTION CA. 380 KCAL

ZUTATEN
200 g Couscous
1 Bund Petersilie
1 Bund Minze
1/2 Bund Koriandergrün
4 EL Zitronensaft
1/2 TL Chiliflocken
Salz | 6 EL Olivenöl
1 junger Zucchino
1 rote Paprikaschote
200 g grüner Spargel
250 g Naturjoghurt (3,8 % Fett)
1 TL gemahlener Koriander

WEM DAS SCHMECKT, DER MAG AUCH

die Gemüsepfanne auf Seite **99**

den Nizza-Salat auf Seite **187**

1. Den Couscous in eine Schüssel geben und mit 400 ml lauwarmem Wasser bedecken. Den Couscous ca. 15 Min. quellen lassen.

2. Inzwischen die Petersilie, die Minze und das Koriandergrün waschen und trocken schütteln, die Blättchen abzupfen und fein hacken. Den Zitronensaft mit den Chiliflocken und Salz verrühren. Nach und nach 4 EL Olivenöl darunterschlagen, bis ein cremiges Dressing entstanden ist. Die Kräuter und das Dressing unter den Couscous rühren. Die Kräuter-Couscous-Mischung mit Salz abschmecken und bis zum Servieren zugedeckt ziehen lassen.

3. Den Zucchino waschen, putzen und quer in dünne Scheiben schneiden oder hobeln. Die Paprikaschote waschen und halbieren, Stielansatz, Samen und Trennwände entfernen, die Hälften in knapp 1 cm breite Streifen schneiden. Den Spargel waschen und holzige Enden abschneiden. Die Stangen im unteren Drittel schälen und dann in ca. 4 cm lange Stücke teilen.

4. Das restliche Olivenöl in einer Pfanne erhitzen und die Zucchinischeiben, die Paprikastreifen und die Spargelstücke darin bei mittlerer bis starker Hitze unter Rühren in ca. 4 Min. bissfest braten. Mit Salz abschmecken.

5. Den Joghurt mit dem Koriander und 1 Prise Salz verrühren. Den Couscous-Salat auf Tellern mit dem Gemüse anrichten. Dazu als Dip den Joghurt servieren.

KLASSISCH-ORIENTALISCHER COUSCOUS

Den Couscous wie in Step 1 beschrieben quellen lassen und die Kräuter fein hacken. 2 Tomaten und 1/2 Salatgurke waschen und jeweils in kleine Würfel schneiden. Kräuter, Tomaten und Gurke zusammen mit dem Dressing unter den Couscous mischen und abschmecken. Wer mag, streut vor dem Servieren 2 in feine Ringe geschnittene Frühlingszwiebeln auf den Salat.

DIE COOLSTEN *Apfelkuchen-* IDEEN ALLER ZEITEN

In den USA wird der Apfelkuchen so gerne gegessen, dass er dort den Namen »American (Apple) Pie« trägt. Traditionell handelt es sich dabei um einen gedeckten Apfelkuchen. Mittlerweile gibt es viele geniale Varianten:

1. **Als Pull-apart-Bread:** Mit Apfelmus gefüllte Teigpäckchen werden in einer Form übereinandergeschichtet und nach dem Backen abgezupft statt abgeschnitten.
2. **Als Mashup:** Apfelkuchen-Muffins schmecken ja schon gut. Aber noch unglaublicher ist Apfelkuchen als Cruffin (halb Muffin, halb Croissant) oder als Duffin (halb Muffin, halb Donut).
3. **Als Piecake:** Die drei US-Klassiker Apfelkuchen, Kürbiskuchen und Pekannusskuchen werden zu einem einzigen Cake verarbeitet.

American Pie hoch 3

WEM DAS SCHMECKT, DER MAG AUCH

den Erdbeerkuchen auf Seite **87**

den Käsekuchen auf Seite **123**

Daniela, GU-Leserservice

Wir bekamen schon so viele Anfragen zu Apfelkuchen, dass wir ihm sogar einen eigenen KüchenRatgeber spendiert haben.

77

APFELKUCHEN

DEN LIEBEN ALLE: APFELKUCHEN MIT MARZIPAN

FÜR 1 SPRINGFORM (26 CM Ø)
ZUBEREITUNGSZEIT CA. 40 MIN.
KÜHLZEIT 30 MIN.
BACKZEIT 45 MIN.
PRO STÜCK CA. 405 KCAL
(BEI 12 STÜCKEN)

ZUTATEN

FÜR DEN MÜRBETEIG
250 g Mehl
60 g Zucker
1 Prise Salz
1 Ei (Größe M)
125 g kalte Butter

FÜR DEN BELAG
100 g Marzipanrohmasse
125 g weiche Butter
75 g Zucker
3 Eier (Größe M)
1 TL abgeriebene Schale
von 1 Bio-Zitrone
50 g Mehl
5–6 mürbe Äpfel (ca. 900 g)

AUSSERDEM
Backpapier
Butter für die Form
Mehl zum Arbeiten
25 g Butter zum Bestreichen

1. Für den Mürbeteig das Mehl auf die Arbeitsfläche häufen, in die Mitte eine Mulde drücken. Zucker, Salz und Ei hineingeben, die Butter in Flöckchen auf dem Rand verteilen. Alle Zutaten vom Rand aus rasch zu einem geschmeidigen Teig verkneten. Den Teig in Folie wickeln, etwas flach drücken und 30 Min. kalt stellen.

2. Für den Belag das Marzipan klein schneiden. Die Butter mit den Quirlen des Handrührgeräts schaumig schlagen, Marzipan und Zucker dazugeben und rühren, bis eine glatte Masse entstanden ist. Jetzt ein Ei nach dem anderen gründlich unterrühren, die Zitronenschale dazugeben und mit dem Mehl kurz unterarbeiten.

3. Die Springform mit Backpapier auslegen und einfetten. Den Teig auf wenig Mehl etwas größer als die Form ausrollen und in die Form legen, dabei einen Rand hochziehen. Den Teigboden kalt stellen. Den Backofen auf 180° vorheizen.

4. Die Äpfel schälen und halbieren, die Kerngehäuse herausschneiden und die Hälften an der runden Seite mehrmals dicht nebeneinander einschneiden.

5. Die Marzipancreme auf dem Mürbeteig verstreichen und mit den Apfelhälften belegen. Die Butter schmelzen und die Äpfel damit bestreichen. Den Kuchen im Ofen (unten) in ca. 45 Min. goldbraun backen. Herausnehmen und auf einem Kuchengitter abkühlen lassen.

DER BESTE APFELKUCHENAPFEL?

Die am besten geeigneten Äpfel sind säuerlich, aber aromatisch, mürbe, aber nicht mehlig. Diese Beschreibung passt auf Boskop und Cox Orange, Elstar und Gravensteiner und auf viele alte Sorten, die nur noch der Obstbauer auf dem Wochenmarkt kennt. Wunderbar – so wird der Apfelkuchen nie langweilig.
Übrigens: Der Kuchen ist auch mit Birnen ein wahrer Genuss. Dafür kleine, nicht zu feste Sorten wählen, zum Beispiel Conference.

78

WÜRSTCHENGULASCH

SCHNELLES REZEPT FÜR DIE FAMILIENKÜCHE

FÜR 4 PERSONEN
ZUBEREITUNGSZEIT CA. 25 MIN.
GARZEIT 20 MIN.
PRO PORTION CA. 500 KCAL

ZUTATEN
2 Zwiebeln
400 g vorwiegend festkochende Kartoffeln
1 rote Paprikaschote
1 Mettende (ca. 100 g, westfälische Mettwurst, ersatzweise andere schnittfeste Mettwurst)
6 Wiener Würstchen (ca. 250 g)
2 EL Olivenöl
800 ml Gemüsebrühe (Instant)
100 g Tomatenmark
1 EL Zucker
1 TL getrockneter Thymian
1 TL edelsüßes Paprikapulver
100 g Sahne
Salz | Pfeffer
1 EL Aceto balsamico bianco

1. Die Zwiebeln schälen und nicht zu klein würfeln. Die Kartoffeln schälen, waschen, längs halbieren und dann quer in nicht zu dünne Scheiben schneiden. Die Paprikaschote waschen und halbieren. Stielansatz, weiße Trennwände und Kerne entfernen, die Hälften und in mundgerechte Stücke schneiden. Das Mettende und die Wiener Würstchen in dicke Scheiben schneiden.

2. Das Olivenöl in einem Topf erhitzen. Darin die Zwiebeln in ca. 5 Min. glasig dünsten. Dann Kartoffeln, Paprika und Mettende dazugeben und ca. 3 Min. mitdünsten. Anschließend Gemüsebrühe, Tomatenmark, Zucker, Thymian und Paprikapulver dazugeben und alles zum Kochen bringen. Das Gulasch bei kleiner Hitze zugedeckt 15 Min. sanft kochen.

3. Die Wiener Würstchen dazugeben und das Gulasch offen weitere 4–5 Min. sanft kochen. Dann die Sahne unterrühren und das Gulasch mit Salz, Pfeffer und Essig abschmecken. Dazu passt Baguette ausgezeichnet.

WÜRZFANS AUFGEPASST!

Ihr liebt es etwas schärfer? Hier kann jeder, der mag, auf dem Teller noch ordentlich mit Cayennepfeffer und Tabasco nachschärfen.

SEHR VIEL HUNGER?

Das Gulasch schmeckt ebenfalls hervorragend und ist zudem noch sättigender, wenn Mais oder Kidneybohnen (aus der Dose) mitgegart werden. Dafür das Gulasch zubereiten wie in Step 1 und 2 beschrieben. Dann 140 g Maiskörner oder Kidneybohnen – oder wer mag auch jeweils die Hälfte von beiden – dazugeben und mit den Mettenden und den anderen Zutaten 15 Min. mitkochen.

WEM DAS SCHMECKT, DER MAG AUCH

- das Chili con Carne auf Seite **73**
- die Fischstäbchen auf Seite **225**

79

MÖHRENSUPPE

CREMIGE VERFÜHRER – MAL FRUCHTIG, MAL HERRLICH AROMATISCH

MÖHREN-APFEL-CREMESUPPE

FÜR 4 PERSONEN
ZUBEREITUNGSZEIT CA. 30 MIN.
PRO PORTION CA. 490 KCAL

ZUTATEN
700 g Möhren
1 Zwiebel
4 EL Olivenöl
400 ml Apfelsaft
Kräutersalz
1 säuerlicher Apfel (z. B. Elstar)
50 g getrocknete Cranberrys
2 EL Ahornsirup
1 Prise Zimtpulver
2 EL Zitronensaft
100 g Sahne
2 TL Dijon-Senf
2 EL gehackter Dill

1. Für die Suppe die Möhren und die Zwiebel schälen und in Scheiben oder Würfel schneiden.

2. In einem Topf 2 EL Olivenöl erhitzen und Möhren und Zwiebel darin anbraten. 200 ml Apfelsaft und 500 ml heißes Wasser zugießen. Mit Kräutersalz würzen, aufkochen und alles zugedeckt bei schwacher Hitze 12–15 Min. sanft kochen.

3. Inzwischen für das Topping den Apfel waschen und halbieren. Das Kerngehäuse entfernen und die Hälften in schmale Spalten schneiden. 2 EL Olivenöl in einer Pfanne erhitzen und die Apfelspalten darin ca. 1 Min. anbraten.

4. Die Cranberrys zu den Apfelspalten in die Pfanne geben und kurz mitbraten. 1 EL Ahornsirup dazugeben und leicht karamellisieren. Das Ganze mit Zimt bestäuben und mit Kräutersalz und Zitronensaft abschmecken.

5. Restlichen Apfelsaft, Sahne, Senf und je 1 EL Zitronensaft und Ahornsirup zur Suppe geben. Die Suppe mit dem Pürierstab fein pürieren. Mit Kräutersalz und Zitronensaft abschmecken und den Dill unterziehen. Die Suppe in vier tiefe Teller verteilen und das Topping darauf anrichten.

MÖHREN-ORANGEN-SUPPE MIT INGWER

FÜR 4 PERSONEN
ZUBEREITUNGSZEIT CA. 20 MIN.
GARZEIT 35 MIN.
PRO PORTION CA. 185 KCAL

ZUTATEN
600 g Möhren
2 Schalotten
1 Stück frischer Ingwer (ca. 3 cm)
2 EL Butter
Salz | Pfeffer
900 ml Gemüsebrühe (Instant)
frisch ausgepresster Saft von 4 Orangen (ca. 200 ml)
4 EL Mandelblättchen
5–6 Stängel Koriandergrün
1/2 TL gemahlener Koriander
3–4 EL Sahne

1. Die Möhren schälen und schräg in dünne Scheiben schneiden oder hobeln. Schalotten und Ingwer getrennt schälen und klein würfeln. 1 EL Butter in einem Suppentopf zerlassen, die Schalotten darin bei mittlerer Hitze langsam goldgelb anbraten. Möhren und Ingwer dazugeben, salzen, pfeffern und unter Rühren kurz mitdünsten.

2. Die Gemüsebrühe und zwei Drittel des Orangensafts dazugießen und alles zugedeckt 30–35 Min. kochen, bis die Möhren weich sind. Gegen Ende der Garzeit den übrigen Orangensaft unterrühren.

3. Inzwischen für das Topping die restliche Butter in einer kleinen Pfanne zerlassen und darin die Mandelblättchen bei mittlerer Hitze unter gelegentlichem Rühren goldbraun rösten. Aus der Pfanne nehmen, auf Küchenpapier abkühlen lassen. Koriandergrün abbrausen und trocken schütteln, die Blättchen fein hacken und mit den Mandeln mischen.

4. Gemahlenen Koriander und Sahne zur Suppe geben und alles mit einem Pürierstab fein pürieren. Die Suppe auf vier tiefe Teller verteilen und das Topping darüber streuen.

WEM DAS SCHMECKT, DER MAG AUCH

- die Kürbissuppe auf Seite **210**
- die Gemüsesuppe auf Seite **171**

80

SCHUPFNUDELN

»BUBESPITZLE« SELBST GEMACHT: SCHUPFNUDELN MIT SAUERKRAUT

FÜR 4 PERSONEN
ZUBEREITUNGSZEIT
CA. 1 STD. 30 MIN.
PRO PORTION CA. 505 KCAL

ZUTATEN

FÜR DAS SAUERKRAUT
80 g durchwachsener Speck
1 Zwiebel
1 EL neutrales Pflanzenöl
800 g Sauerkraut
(frisch oder aus der Dose)
100 ml Weißwein
100 ml Apfelsaft
100 ml Gemüsebrühe (Instant)
5 Wacholderbeeren
1 Lorbeerblatt
1 Gewürznelke
1–2 TL Kümmelsamen
(nach Belieben)
1–2 Prisen Zucker
Salz | Pfeffer

FÜR DIE SCHUPFNUDELN
500 g mehligkochende Kartoffeln
4 Eigelb (Größe M)
1 EL Speisestärke
100 g Mehl
Salz | Pfeffer
frisch geriebene Muskatnuss

AUSSERDEM
Mehl zum Verarbeiten
4 EL Butter zum Braten

1. Für das Sauerkraut den Speck ohne Schwarte fein würfeln. Die Zwiebel schälen und fein würfeln. Speck und Zwiebelwürfel in einem großen Topf im Öl anbraten. Sauerkraut mit Wein, Apfelsaft, Brühe und Gewürzen dazugeben und bei kleiner Hitze 45 Min. abgedeckt schmoren, dabei zwischendurch mehrmals umrühren.

2. Inzwischen für die Schupfnudeln die ungeschälten Kartoffeln knapp mit Wasser bedeckt in ca. 20 Min. gar kochen, etwas abkühlen lassen und pellen. Warm durch die Kartoffelpresse drücken. Eigelbe, Speisestärke, Mehl, Salz, Pfeffer und Muskatnuss dazugeben. Alle Zutaten zu einem glatten Teig verkneten und würzen.

3. Den Nudelteig halbieren und beide Hälften zu jeweils zu einer ca. 2 cm dicken Rolle formen. Die Rollen in 2 cm breite Stücke schneiden. Diese zwischen den Händen zu fingerlangen, an den Enden spitz zu laufenden Würstchen formen.

4. Reichlich Salzwasser aufkochen. Die Schupfnudeln in das sprudelnde Wasser geben. Sobald sie von unten nach oben aufsteigen, den Topf vom Herd nehmen und die Schupfnudeln noch 2 Min. ziehen lassen. Mit einer Schaumkelle herausheben, kalt abschrecken und gut abtropfen lassen.

5. Kurz vor dem Servieren die Schupfnudeln in der Butter bei mittlerer Hitze in ca. 5 Min. goldbraun braten. Das Sauerkraut mit Salz, Pfeffer und Zucker abschmecken und mit den Schupfnudeln anrichten.

DEFTIGE KRAUTVARIANTE

500 g mageres Kassler am Stück in etwas Pflanzenöl von allen Seiten anbraten. Das Fleisch herausnehmen, dann das Sauerkraut zubereiten. Das Fleisch auf das Kraut legen und kochen wie oben beschrieben. Das Kassler in Scheiben schneiden und mit dem Kraut servieren.

81

NIZZA-SALAT

SALAT MIT THUNFISCH, DER SICH AUCH ALS GANZE SOMMERMAHLZEIT EIGNET

FÜR 4 PERSONEN
ZUBEREITUNGSZEIT CA. 1 STD.
PRO PORTION CA. 620 KCAL

ZUTATEN

FÜR DEN SALAT
4 mittelgroße festkochende Kartoffeln
Meersalz
200 g feine grüne Bohnen
3 Eier (Größe M)
1/2 Römer- oder Bataviasalat
100 g Kirschtomaten
1 Schalotte
4–6 Sardellenfilets (in Salz eingelegt)
3–4 Stängel Basilikum (kleinblättrig)
50 g kleine schwarze Oliven
2 EL Olivenöl
2 Scheiben Thunfischfilet (je ca. 200 g)
Pfeffer

FÜR DIE VINAIGRETTE
1–2 Knoblauchzehen
2 EL Rotweinessig
1 EL frisch gepresster Zitronensaft
1 TL körniger Senf
1/2 TL Dijon-Senf
Meersalz | Pfeffer
ca. 8 EL Olivenöl

1. Die Kartoffeln gründlich abbürsten und in etwas Salzwasser in 15–20 Min. gar (aber nicht zu weich) kochen. Dann abgießen und ausdampfen lassen. Die Bohnen putzen und in kochendem Salzwasser in ca. 8 Min. bissfest garen. Bohnen in ein Sieb abgießen, kalt abschrecken und abtropfen lassen. Die Eier in ca. 10 Min. hart kochen, kalt abschrecken und pellen.

2. Den Salat putzen, waschen und trocken schleudern. Die Kirschtomaten waschen und halbieren. Die Schalotte schälen und in feine Ringe schneiden.

3. Für die Vinaigrette den Knoblauch schälen. Essig, Zitronensaft, beide Sorten Senf, 1 kräftige Prise Meersalz und Pfeffer verrühren, den Knoblauch dazupressen. Das Öl in dünnem Strahl unterrühren, bis eine cremige Sauce entstanden ist.

4. Für den Salat die Kartoffeln etwas kleiner schneiden, die Eier in große Stücke schneiden. Die Sardellen in einem kleinen Sieb abspülen, trocken tupfen und kleiner schneiden. Basilikum waschen und trocken schütteln, die Blätter abzupfen.

5. Die Salatblätter etwas kleiner zupfen und mit Kartoffeln, Eiern, Bohnen, Tomaten, Sardellen, Schalottenringen und Oliven anrichten. Die Vinaigrette auf den Salat träufeln und das Basilikum darüberstreuen.

6. In einer Pfanne das Öl erhitzen. Den Thunfisch kalt waschen, trocken tupfen und bei starker Hitze von beiden Seiten je 1–1 1/2 Min. kräftig anbraten, sodass er außen gut gebräunt, im Inneren aber noch glasig ist. (Wer ihn lieber starker durchgebraten mag, brät ihn 1–2 Min. länger.) Den Thunfisch mit Meersalz und Pfeffer würzen und aus der Pfanne nehmen. Die Thunfischscheiben halbieren und auf dem Salat anrichten.

FAME! Die berühmtesten Gerichte aus Film & Fernsehen

DER EINE BESTELLT IN DER CHEESECAKE FACTORY IMMER DAS GLEICHE GERICHT, DER ANDERE TRINKT DEN MARTINI NUR GESCHÜTTELT – UND DANN GIBT'S DA NOCH DEN CURRYWURST-BARDEN. SELBST IN SERIEN, FILMEN ODER SONGS IST DAS THEMA ESSEN BRANDHEISS UND SO MANCHES REZEPT AUS DIESEM GRUND SCHON ZUM WELTSTAR GEWORDEN.

DIESES FOOD IST SO BELIEBT, DASS DARÜBER GESUNGEN WIRD

Currywurst
(Herbert Grönemeyer)

Birthday Cake
(Rihanna feat. Chris Brown)

The Ketchup Song
(Las Ketchup)

How Much is the Fish
(Scooter)

Vegetables
(The Beach Boys)

Das berühmteste Film-Rezept aller Zeiten

»Ich mache ihm ein Angebot, das er nicht ablehnen kann.« Na, hast du schon erkannt, um welchen Film es hier geht? Natürlich: »Der Pate«. Aus dem berühmtesten Mafia-Movie der Leinwand-Historie stammt das bekannteste Blockbuster-Rezept: Spaghetti mit Hackbällchen und italienischen Wurststückchen. Hackbällchen scheinen ohnehin ein Evergreen der Kinogeschichte zu sein: Schon die Zeichentrickhunde Susi und Strolch teilten sich im Klassiker aus dem Jahre 1955 eine Portion und im Familien-Animationsfilm »Wolkig mit Aussicht auf Fleischbällchen« fallen sie sogar vom Himmel.

DAS BEKANNTESTE SERIEN-RESTAURANT DES UNIVERSUMS

Es ist Dienstag in Pasadena. Genau der richtige Wochentag für einen Besuch in der Cheesecake Factory. Das finden zumindest die vier Nerds Leonard, Sheldon, Raj und Howard. Wie immer bestellen sie deshalb bei der süßen Bedienung namens Penny statt Käsekuchen ihre Burger – für Sheldon natürlich stets mit den gleichen Sonderwünschen. Interessanterweise gibt es die Restaurantkette aus der beliebten Erfolgsserie »The Big Bang Theory« tatsächlich und dank Sitcom steht sie bald sicher in jedem Kalifornien-Reiseführer.

IN DIESEN 3 FILMEN SPIELT DAS ESSEN DIE *Hauptrolle*

1. Charlie und die Schokoladenfabrik
2. Ratatouille
3. Eat Pray Love

Die Lizenz zum Mixen

James Bond trinkt Wodka-Martini geschüttelt, nicht gerührt! Wer seinen Drink wie 007 mixen will, sollte aber Folgendes wissen: So lässig sich das Filmzitat auch anhören mag, im echten Leben wird ein solcher Cocktail anders zubereitet. Mit einer Bestellung à la James würdest du dich beim Barkeeper sofort als Agenten-Fan, aber bestimmt nicht als Cocktail-Kenner outen. Der Grund: Bonds Lieblingsgetränk wird aus Gin, Wodka und trockenem Wermut gemacht. Um bei der Mischung dieser Spirituosen eine Trübung zu vermeiden, dürfen sie nicht geschüttelt, sondern müssen stattdessen verrührt werden.

82

DAMPFNUDELN

EIN BISSCHEN GEFÜHL BRAUCHT MAN SCHON DAFÜR

FÜR 4 PERSONEN
ZUBEREITUNGSZEIT CA. 1 STD.
RUHEZEIT 1 STD. 15 MIN.
PRO PORTION CA. 1230 KCAL

ZUTATEN

FÜR DIE DAMPFNUDELN
500 g Mehl
80 g Zucker
200 ml Milch (3,5 % Fett)
1 Würfel Hefe (42 g)
100 g Butter
2 Eier (Größe M) | Salz
80 g Butterschmalz

FÜR DIE SAUCE
1 Vanilleschote
600 ml Milch (3,5 % Fett)
6 Eigelb (M)
80 g Zucker
1 Msp. Zimtpulver

AUSSERDEM
Mehl zum Arbeiten

WEM DAS SCHMECKT, DER MAG AUCH

die Pfannkuchen auf Seite **16**

den Milchreis auf Seite **90**

1. Das Mehl in die Schüssel der Küchenmaschine geben; alternativ mit Rührschüssel und Handrührgerät arbeiten. In die Mitte des Mehls eine Mulde drücken und den Rand ringsherum mit Zucker bestreuen. Die Milch lauwarm erhitzen. 5 EL davon abnehmen und in eine Tasse geben, die Hefe dazubröckeln, 1 EL Mehl (aus der Schüssel) dazugeben und alles gut verrühren. Die Hefemilch in die Mehlmulde gießen. Abgedeckt an einem warmen Ort 20 Min. gehen lassen.

2. Die Butter grob würfeln und mit den Eiern zur restlichen Milch geben (nicht verrühren!). Eiermilch und 1 Prise Salz zum Vorteig geben. Alles mit dem Knethaken so lange verarbeiten, bis ein glatter Teig entstanden ist, der Blasen wirft. Hände und Arbeitsfläche kräftig mit Mehl einstäuben, den Teig aus der Schüssel heben und zur Kugel formen. Schüsselboden mit Mehl einstäuben, Hefeteig daraufsetzen, abdecken und weitere 20 Min. gehen lassen. Dann Hefeteig auf der bemehlten Arbeitsfläche erneut durchkneten und abgedeckt 20 Min. gehen lassen.

3. Hefeteig auf der Arbeitsfläche nochmals durchkneten, in 8 gleich große Stücke teilen und zu Kugeln formen. Die Teigkugeln auf ein bemehltes Holzbrett legen, abdecken und weitere 15 Min. gehen lassen.

4. Einen großen Topf (28 cm Ø) mit Butterschmalz ausfetten, 400 ml lauwarmes Wasser mit 1 Prise Salz hineingießen. Die Teigkugeln nebeneinander in den Topf setzen. Den Topf erst mit einem Küchentuch abdecken; dieses nimmt das entstehende Kondenswasser auf. Dann den Deckel aufsetzen. Die Dampfnudeln 35–40 Min. bei mittlerer Hitze auf dem Herd garen, bis sie schön aufgegangen sind und am Boden eine goldbraune Kruste haben. Keinesfalls zwischendurch den Deckel öffnen; die Dampfnudeln fallen sonst zusammen! Ein paar Minuten stehen lassen, dann erst Deckel und Tuch abnehmen.

5. Inzwischen für die Sauce die Vanilleschote längs aufschlitzen und das Mark herauskratzen. Beides in die Milch geben, aufkochen und vom Herd nehmen. Die Eigelbe und den Zucker in einer Metallschüssel (möglichst mit rund gewölbtem Boden) mit einem Schneebesen glatt verrühren. Die heiße Milch nach und nach langsam unterrühren. Vanille-Eier-Milch über einem heißen Wasserbad so lange durchrühren, bis eine dickliche Sauce entstanden ist (das dauert 10–15 Min.). Dann Vanilleschote entfernen und die Sauce mit dem Zimt verfeinern. Etwas abkühlen lassen und mit den Dampfnudeln servieren.

DAS BESTE *Hangover-Food* DER WELT

Oma schwor auf die heilende Superkraft der Hühnerbrühe. Klare Sache: Was uns früher bei Erkältung half, lindert heute noch den schlimmsten Katzenjammer. Denn eine »Power Bone Broth« bringt den Mineralhaushalt wieder in Balance. Das hier killt deinen Kater und weckt den Tiger in dir:

1. **Brühe**
2. **Virgin Bloody Mary**
3. **Nashi-Birnen**
4. **Wasser**
5. **Rührei**
6. **Kokosnusswasser**
7. **Ingwer**
8. **Rollmops**
9. **Essiggurke**
10. **Bananen**

Abgebrüht!

WEM DAS SCHMECKT, DER MAG AUCH

- die Gemüsesuppe auf Seite **171**
- das Hühnerfrikassee auf Seite **151**

Viola, Autorin

Gesunde Brühen sind in New York gerade Trend: Sie werden dort statt Kaffee im To-go-Becher ausgeschenkt. Ein healthy Hype!

83

HÜHNERSUPPE

SIE HÄLT LEIB UND SEELE ZUSAMMEN UND MACHT GUTE LAUNE

FÜR 2 PERSONEN
ZUBEREITUNGSZEIT CA. 35 MIN.
GARZEIT 1 STD.
PRO PORTION CA. 680 KCAL

ZUTATEN

FÜR DIE HÜHNERBRÜHE
1 Möhre
100 g Knollensellerie
1 kleine Stange Lauch
3 Hähnchenschenkel (ca. 700 g)
1 Lorbeerblatt
5 schwarze Pfefferkörner
Salz | Pfeffer
1 Spritzer Zitronensaft

FÜR DIE EINLAGE
1 Möhre
100 g Suppennudeln (z. B. Buchstaben-, Sternchen- oder Fadennudeln)
Salz
3 Stängel glatte Petersilie
100 g TK-Erbsen

1. Für die Hühnerbrühe Möhre und Sellerie putzen und schälen, Lauch putzen, längs aufschlitzen und gründlich waschen. Das Gemüse grob zerkleinern.

2. Die Hähnchenschenkel zusammen mit dem Gemüse sowie dem Lorbeerblatt und den Pfefferkörnern in den Suppentopf geben. Mit 1,2 l kaltem Wasser auffüllen, zum Kochen bringen und bei kleinster Hitze offen ca. 1 Std. sanft kochen.

3. Inzwischen für die Einlage die Möhre putzen, schälen und in Scheibchen schneiden. Die Nudeln nach Packungsangabe in reichlich Salzwasser bissfest garen, abgießen und gut kalt abschrecken. Die Petersilie waschen und trocken schütteln, die Blättchen abzupfen und fein hacken.

4. Nach der Kochzeit die Hähnchenschenkel aus dem Topf nehmen. Ein Sieb mit einem Tuch auslegen und die Brühe durchseihen, das ausgekochte Gemüse wegwerfen. Eventuell Fett von der Brühe abschöpfen. Die Brühe salzen und pfeffern, mit den Möhrenscheiben für die Einlage erneut erhitzen und bei mittlerer Hitze ca. 8 Min. sanft kochen. Nach ca. 5 Min. die unaufgetauten Erbsen dazugeben.

5. Das Hähnchenfleisch von den Knochen lösen und ohne Haut in mundgerechte Stücke schneiden. Diese zuletzt zusammen mit den Nudeln und der Petersilie in die Suppe geben und alles noch einmal gut erhitzen. Die Suppe mit Salz, Pfeffer und 1 Spritzer Zitronensaft abschmecken.

ENTSPANNT VORGEKOCHT

Die Brühe lässt sich wunderbar vorab zubereiten. Wer außerdem Kalorien sparen will, stellt die Brühe über Nacht kühl und kann am nächsten Tag das erstarrte Fett bequem als Platte von der Oberfläche abheben und wegwerfen.

84

GESCHNETZELTES

LEICHT UND LECKER: KALBSGESCHNETZELTES MIT GURKE UND DILL

FÜR 4 PERSONEN
ZUBEREITUNGSZEIT CA. 35 MIN.
PRO PORTION CA. 345 KCAL

ZUTATEN
600 g Kalbslende oder -filet
1 kleine Gurke oder
1/2 Salatgurke (ca. 250 g)
250 g Tomaten
2 Frühlingszwiebeln
1 Bund Dill
1 EL Butter
1 EL neutrales Pflanzenöl
150 g Crème fraîche
Salz | Pfeffer

1. Von der Kalbslende alle größeren Fettpartien und evtl. vorhandene dickere Sehnen entfernen. Das Fleisch erst quer zur Faser in dünne Scheiben teilen, dann diese in Streifen schneiden.

2. Die Gurke schälen und der Länge nach halbieren. Die Kerne mit einem Teelöffel herausschaben und die Gurkenhälften in dünne Scheiben schneiden oder hobeln. Die Tomaten kurz in einen Topf mit kochendem Wasser geben, dann häuten und in kleine Würfel schneiden, dabei die Stielansätze entfernen.

3. Von den Frühlingszwiebeln die Wurzelenden und welke grüne Teile entfernen. Dann die Frühlingszwiebeln waschen und in schmale Ringe schneiden. Den Dill waschen und sorgfältig trocken tupfen, die Spitzen abzupfen.

4. Die Butter und das Öl in einer Pfanne erhitzen. Die Fleischstreifen darin in drei Portionen bei starker Hitze unter Rühren jeweils nur so lange braten, bis sie nicht mehr rötlich schimmern. Mit Salz und Pfeffer würzen, herausnehmen und in einem Sieb über einer Schüssel beiseitestellen.

5. Anschließend die Frühlingszwiebeln und die Gurkenscheiben in die Pfanne geben und unter Rühren ca. 2 Min. garen. Die Tomatenwürfel einstreuen und 1–2 Min. mitgaren. Dann die Crème fraîche unterrühren und die Sauce aufkochen.

6. Das Fleisch zusammen mit dem ausgetretenen Saft in die Sauce rühren und darin wieder erwärmen. Die Sauce mit Salz und Pfeffer abschmecken. Zuletzt den Dill unterheben und das Geschnetzelte sofort servieren. Dazu passt als Beilage Reis oder Kartoffelpüree (s. Tipp).

WEM DAS SCHMECKT, DER MAG AUCH

- die Schnitzel mit Sauce auf Seite **38**
- die Hähnchenpfanne auf Seite **119**

UND DAZU KARTOFFELPÜREE

Für das Kartoffelpüree 1 kg Kartoffeln schälen und in grobe Stücke schneiden. In einen Topf geben, mit Wasser bedecken und aufkochen. Bei mittlerer Hitze mit leicht geöffnetem Topfdeckel in ca. 15 Min. weich kochen. 250 ml Milch erhitzen. Die gegarten Kartoffeln abgießen, heiß durch eine Kartoffelpresse drücken oder mit dem Kartoffelstampfer fein zerdrücken. Heiße Milch und 2 EL Butter unterrühren und das Püree mit Salz und frisch geriebener Muskatnuss abschmecken.

85

CUPCAKES

LIEBE AUF DEN ERSTEN BISS: CUPCAKES MIT ERDBEEREN UND MARZIPAN

FÜR 4 KLEINE CUPCAKES
ZUBEREITUNGSZEIT CA. 25 MIN.
BACKZEIT CA. 20 MIN.
KÜHLZEIT 10 MIN.
PRO STÜCK CA. 495 KCAL

ZUTATEN
30 g Marzipanrohmasse
100 g kleine dunkelrote Erdbeeren
120 g sehr weiche Butter
80–90 g Puderzucker
1 Ei (Größe M)
80 g Weizenmehl
1/4 TL Backpulver | Salz
50 g Doppelrahmfrischkäse
1 TL Erdbeer- oder Himbeersirup (nach Belieben)

AUSSERDEM
12 Muffin-Papierförmchen (jeweils 3 ineinander stecken)
Spritzbeutel mit Sterntülle

1. Für die Cupcakes den Backofen auf 180° vorheizen. Die Marzipanrohmasse auf der Rohkostreibe grob raffeln.

2. Die Erdbeeren waschen und trocken tupfen. 4 schöne Erdbeeren zum Garnieren beiseitelegen. Bei den übrigen Beeren die Kelche entfernen und die Früchte in kleine Würfel schneiden.

3. In eine Rührschüssel 70 g Butter und 40 g Puderzucker sowie das zerkleinerte Marzipan und das Ei geben und alles mit dem Schneebesen oder elektrischen Handrührgerät hell-cremig aufschlagen. Das Mehl mit dem Backpulver und 1 winzigen Prise Salz mischen und darunterrühren.

4. Knapp 40 g von den Erdbeerwürfelchen für das Frosting in einem Rührbecher beiseitestellen, die übrigen trocken tupfen und unter den Teig heben.

5. Je drei Papierförmchen ineinanderstecken. Den Teig in die vier Formen geben und im Backofen (Mitte) 20–25 Min. backen. Die Cakes herausnehmen und in den Förmchen auskühlen lassen.

6. Inzwischen für das Frosting (das ist die superleckere Creme obendrauf) die Rührschüssel auswischen und darin die restlichen 50 g Butter mit den übrigen 40–50 g Puderzucker hell-cremig aufschlagen. Dann den Frischkäse dazugeben und alles zu einer cremigen Masse weiter aufschlagen.

7. Die Erdbeerwürfel im Rührbecher pürieren, durch ein Sieb streichen und nach Belieben mit dem Sirup verrühren. Das Erdbeerpüree unter die Frostingcreme rühren und das Ganze ca. 10 Min. kalt stellen.

8. Kurz vor dem Servieren das Frosting in den Spritzbeutel füllen und die vollständig abgekühlten Cupcakes dekorativ damit krönen. Zuletzt die beiseitegelegten Erdbeeren auf das Frosting setzen.

WEM DAS SCHMECKT, DER MAG AUCH

die Beeren-Minis auf Seite **116**

die Heidelbeermuffins auf Seite **141**

86

LINSENSUPPE

DAS IST HEIMATKÜCHE: LINSENSUPPE MIT KNUSPRIGEM SPECK

FÜR 2 PERSONEN
ZUBEREITUNGSZEIT CA. 30 MIN.
GARZEIT 30 MIN.
PRO PORTION CA. 565 KCAL

ZUTATEN

100 g feine braune Berglinsen
1 Knoblauchzehe (nach Belieben)
3 Zweige Thymian
1 Stück Lauch (5–8 cm)
1 Stange Staudensellerie
1 kleine Möhre
1 Kartoffel (ca. 100 g)
1 EL Butter
2 EL Olivenöl
500 ml Gemüsebrühe (Instant)
Pfeffer
2 EL Aceto balsamico
1/2–1 TL Dijon-Senf | Salz
100 g Bauchspeck

1. Die Berglinsen in einem Topf mit kaltem Wasser bedecken und bis zur Verwendung einweichen (s. Tipp).

2. Den Knoblauch schälen und sehr fein hacken. Den Thymianzweige waschen und trocken schütteln. Von 1 Zweig die Blättchen abstreifen und beiseitelegen. Das Lauchstück längs halbieren, gründlich waschen und fein hacken. Den Sellerie waschen, grobe Fäden abziehen, die Stange klein schneiden. Die Möhre und die Kartoffel schälen und in kleine Würfel schneiden.

3. In einem Schmortopf die Butter und 1 EL Öl erhitzen. Das geschnittene Gemüse und die Hälfte des Knoblauchs darin 2–3 Min. anbraten.

4. Die Linsen in ein Sieb abgießen, kurz mit fließendem Wasser abspülen und zum Gemüse geben. Thymianzweige und Gemüsebrühe dazugeben. Alles aufkochen, dann bei kleiner Hitze zugedeckt 25–30 Min. sanft kochen, bis die Linsen weich sind. Falls nötig, etwas Wasser angießen.

5. Die Suppe mit Pfeffer, Essig, Senf und Salz abschmecken. Die Thymianzweige entfernen. Zum Binden 1 Kelle Suppe abnehmen, pürieren und wieder untermischen. In einer Pfanne restliches Olivenöl erhitzen, den Speck würfeln und darin knusprig ausbraten. Thymianblättchen und übrigen Knoblauch kurz mitbraten. Die Suppe in Schälchen verteilen und mit der Speck-Mischung bestreut servieren.

WEM DAS SCHMECKT, DER MAG AUCH

- die Linsen und Spätzle auf Seite **124**
- die Kartoffelsuppe auf Seite **115**

LINSEN EINWEICHEN?

Feine Berglinsen müssen in der Regel gar nicht oder nur kurz eingeweicht werden. Wenn du andere Linsen nimmst, zum Beispiel Tellerlinsen, solltest du sie auf jeden Fall 1–2 Std. in reichlich kaltem Wasser einweichen und dann in einem Sieb mit fließendem Wasser abspülen. Richte dich im Zweifel nach der Packungsangabe.

DIE FÜNF GENIALSTEN IDEEN, *Nudeln* ZU KOCHEN

Schinkennudeln sind wirklich sehr einfach zu machen. Wer experimentierfreudig ist, kann sich für ein ausgefallenes Pasta-Rezept ja mal an diesen Zubereitungsarten hier versuchen:

1. **Fülle deine Nudeln ab,** indem du sie in Wein kochst.
2. **Frittiere deine Nudeln** und verwandle sie so in einen knusprigen Imbiss.
3. **Koche Nudeln und Sauce als One-Pot-Gericht** zusammen in einem Topf.
4. **Verwende Milch oder Brühe,** um deine Nudeln darin zu kochen.
5. **Röste deine Nudeln vor dem Kochen** im Ofen oder in der Pfanne an.

Easy-peasy Pasta

WEM DAS SCHMECKT, DER MAG AUCH

- den Nudelauflauf auf Seite **47**
- die Schupfnudeln auf Seite **185**

Corinna, kuechengoetter.de

Auf unserer GU-Food-Website www.kuechengoetter.de gehört das Rezept für Schinkennudeln zu den am meisten angeklickten.

87

SCHINKENNUDELN

MIT KÄSE WERDEN SIE ZU SCHINKENNUDELN »DE LUXE«

FÜR 4 PERSONEN
ZUBEREITUNGSZEIT CA. 20 MIN.
PRO PORTION CA. 780 KCAL

ZUTATEN
Salz | 4 Zwiebeln
250 g gekochter Schinken in Scheiben
2 Bund Schnittlauch (oder je 1 Bund Schnittlauch und Petersilie)
500 g Spiralnudeln (ersatzweise andere kurze Nudeln)
2 EL Butter
Pfeffer
6 Eier (Größe M)
100 ml Milch oder Sahne
frisch geriebene Muskatnuss

1. Für die Nudeln in einem großen Topf Wasser zum Kochen bringen und salzen. Die Zwiebeln schälen, halbieren und in 6–8 mm große Würfel schneiden.

2. Die Schinkenscheiben aufeinanderstapeln und in ca. 1 cm breite Streifen schneiden. Den Schnittlauch sowie eventuell die Petersilie abbrausen und trocken schütteln. Schnittlauch in Röllchen schneiden, Petersilienblättchen hacken.

3. Die Nudeln ins kochende Wasser geben und bei mittlerer Hitze nach Packungsanweisung bissfest kochen. Das Wasser soll immer fast sprudelnd kochen. Ab und zu umrühren, damit die Nudeln nicht am Topfboden festkleben.

4. Während der Nudelgarzeit die Butter in einer großen Pfanne mit hohem Rand bei mittlerer Hitze aufschäumen. Die Zwiebelwürfel darin in ca. 7 Min. hellgolden anbraten. Die Schinkenstreifen in den letzten 1–2 Min. mit den Zwiebeln mitbraten. Nur leicht salzen, denn der Schinken ist schon gesalzen. Mit Pfeffer würzen.

5. Die Eier in eine Schüssel schlagen, Milch oder Sahne dazugeben und alles mit einer Gabel verquirlen. Mit Salz, Pfeffer und Muskat kräftig würzen.

6. Eine Nudel aus dem Topf nehmen und kosten. Ist sie gar, aber noch gut bissfest, die Nudeln durch ein großes Nudelsieb abgießen. Kurz abtropfen lassen und in die Pfanne zu der Schinken-Zwiebel-Mischung geben.

7. Die verquirlten Eier über die Nudeln gießen, mit zwei großen Löffeln zügig durchmischen und das Ganze je nach Geschmack noch 1–3 Min. weitergaren. Nach 1 Min. sind die Nudeln cremig von Ei überzogen, nach 3 Min. ist das Ei schon weitgehend gestockt. Dann die Kräuter untermischen und die Schinkennudeln auf einem Teller anrichten.

SCHINKENNUDELN »DE LUXE«

Du möchtest gerne die Luxus-Variante mit Käse ausprobieren? Dann 80 g Allgäuer Emmentaler oder Bergkäse reiben und zusammen mit den Eiern unter die Nudeln heben oder über die fertigen Nudeln streuen.

88

PAELLA

SPANIENS LIEBLING MIT HÄHNCHEN, FISCH UND GARNELEN

FÜR 2 PERSONEN
ZUBEREITUNGSZEIT CA. 1 STD.
PRO PORTION CA. 570 KCAL

ZUTATEN
2 Hähnchenunterkeulen (»Drumsticks«)
100 g festes Fischfilet (z. B. Kabeljau, Rotbarsch, Seelachs oder Steinbeißer)
100 g rohe und ungeschälte Garnelen (frisch oder TK und aufgetaut)
1 Zwiebel | 2 Knoblauchzehen
1/2 rote Paprikaschote
2 EL Erdnussöl
Salz | Pfeffer
125 g Reis | 1 TL Currypulver
1 Msp. Cayennepfeffer
300–500 ml Hühnerbrühe (Instant)
50 g TK-Erbsen
1/2 Bund Koriandergrün
4 Zitronenspalten

AUSSERDEM
Wok oder hohe Pfanne

WEM DAS SCHMECKT, DER MAG AUCH

- die Reispfanne mit Lachs auf Seite **58**
- die Hähnchenpfanne auf Seite **119**

1. Hähnchenkeulen, Fisch und Garnelen kalt abbrausen und jeweils trocken tupfen. Von den Keulen die Haut abziehen. Das Fischfilet ca. 2 cm groß würfeln.

2. Die Zwiebel und den Knoblauch schälen und in Würfel schneiden. Die Paprikaschote waschen, längs halbieren und von Stielansatz, weißen Trennwänden und Samen befreien. Die Hälften in Streifen schneiden.

3. Erst die hohe Pfanne oder den Wok erhitzen, dann 1 EL Erdnussöl hineingeben. Hähnchenkeulen salzen, pfeffern und bei starker Hitze rundherum in ca. 8 Min. goldbraun braten. Herausnehmen. Die Hitze reduzieren. Die Fischwürfel salzen, pfeffern und in der Pfanne unter Rühren ca. 1 Min. braten, dann herausnehmen.

4. In der Pfanne 1 weiteren EL Öl erhitzen. Die Zwiebel- und Knoblauchwürfel darin unter Rühren glasig dünsten. Den Reis dazugeben und unter ständigem Rühren ca. 2 Min. braten. Mit Currypulver sowie Cayennepfeffer bestäuben. 150 ml Brühe und die Hähnchenkeulen dazugeben. Alles zugedeckt bei schwacher Hitze ca. 15 Min. garen, bis der Reis die gesamte Flüssigkeit aufgenommen hat. Falls nötig, noch etwas Brühe nachgießen.

5. Dann die Hähnchenkeulen wenden. 150 ml Hühnerbrühe und die Paprikastreifen dazugeben. Alles zusammen weitere 5 Min. zugedeckt garen und dabei, falls nötig, noch etwas Brühe angießen. Dann Fisch, Garnelen (aufgetaut) und Erbsen (unaufgetaut) unterheben. Alles zugedeckt weitere 5 Min. weitergaren.

6. Inzwischen das Koriandergrün waschen und trocken schütteln. Die Blättchen abzupfen, hacken und über die Paella streuen. Zitronenspalten darauf verteilen und die bunte Pfanne zum Servieren auf den Tisch stellen.

PAELLA FÜR 4–6 PERSONEN

Du möchtest Paella für mehrere Freunde kochen? Einfach alle Zutaten mal 2 oder 3 nehmen – soweit klar. Der einzige limitierende Faktor ist die Größe der Pfanne. Wer keinen Wok hat, kann im Zweifelsfall die Zutaten auf 2 Pfannen verteilen und mit diesen parallel arbeiten.

89

GRIECHISCHER SALAT

EIN LIEBLINGSSALAT, DER NACH URLAUB UND SOMMERSONNE SCHMECKT

FÜR 4 PERSONEN
ZUBEREITUNGSZEIT CA. 15 MIN.
PRO PORTION CA. 270 KCAL

ZUTATEN
2 TL Dijon-Senf
1 EL Honig
2 EL Zitronensaft
1 EL Aceto balsamico bianco
1 Knoblauchzehe
6 EL Olivenöl
Salz | Pfeffer
1 kleiner Zucchino (ca. 200 g)
1 rote Zwiebel
125 g Pflücksalat
200 g Kirschtomaten
1 rote Paprikaschote
1 Handvoll Minzeblätter
150 g Schafskäse (Feta)

WEM DAS SCHMECKT, DER MAG AUCH

den Nizza-Salat auf Seite **187**

die bunten Salate auf Seite **84**

1. Für die Vinaigrette Dijon-Senf mit Honig, Zitronensaft und Essig verrühren. Den Knoblauch schälen und dazupressen. Das Öl nach und nach darunterschlagen. Die Vinaigrette mit Salz und Pfeffer abschmecken.

2. Den Zucchino waschen und der Länge nach in dünne Streifen schneiden oder hobeln. Die Zwiebel schälen und in schmale Spalten schneiden. Beides mit der Vinaigrette mischen und etwas ziehen lassen.

3. Den Salat verlesen, waschen und trocken schleudern. Die Tomaten waschen und halbieren. Die Paprikaschote waschen, halbieren, putzen und in schmale Spalten schneiden. Die Minze waschen und trocken tupfen. Den Feta würfeln.

4. Die Zucchinistreifen aus der Vinaigrette nehmen und die Vinaigrette mit den übrigen vorbereiteten Zutaten mischen. Zusammen mit den Zucchinistreifen auf vier Teller verteilen. Dazu passt Fladenbrot oder Baguette.

MIT FLEISCH ALS HAUPTMAHLZEIT

Zusätzlich brauchst du 1 Zweig Rosmarin, 2 Knoblauchzehen, 4 EL Olivenöl, **4 Lammsteaks oder Lammkoteletts** (150–200 g). Dafür nach Belieben den Schafskäse weglassen. Den Rosmarin waschen und trocken tupfen, die Nadeln abzupfen und fein hacken. Den Knoblauch schälen und fein würfeln. Beides mit dem Öl verrühren. Das Lammfleisch damit bepinseln und bei Zimmertemperatur mindestens 2 Std. marinieren.
Inzwischen den Salat wie in den Steps 1 bis 3 beschrieben vorbereiten. Das Lammfleisch trocken tupfen. Eine Grillpfanne stark erhitzen. Das Fleisch darin von beiden Seiten je 2–3 Min. grillen, sodass es außen gut gebräunt und innen noch rosa ist. Herausnehmen, in Alufolie wickeln und 2–3 Min. ruhen lassen. Inzwischen die Salatzutaten mischen und auf vier Teller verteilen. Das Fleisch mit Salz und Pfeffer würzen und auf dem Salat anrichten.

90

GRÜNE SAUCE

FÜR DIESE SAUCE BIETEN VIELE KRÄUTERHÄNDLER FERTIGE MISCHUNGEN AN

FRANKFURTER GRÜNE SAUCE

FÜR 400 ML
ZUBEREITUNGSZEIT CA. 15 MIN.
PRO 100 ML CA. 200 KCAL

ZUTATEN
2 EL Kräuteressig
1 EL scharfer Senf
Salz | Pfeffer
3 EL Sonnenblumenöl
150 g saure Sahne
4 Eier (Größe M)
2 Bund gemischte Kräuter (für Frankfurter grüne Sauce: Petersilie, Schnittlauch, Kerbel, Kresse, Pimpinelle, Sauerampfer, Borretsch; auch möglich: Dill oder Zitronenmelisse)

1. Essig und Senf glatt verrühren. Mit Salz und Pfeffer kräftig würzen. Mit einem Schneebesen nach und nach das Öl darunterschlagen. Zuletzt die saure Sahne unterrühren.

2. Die Eier in ca. 10 Min. hart kochen, kalt abschrecken und pellen. Die Eier hacken oder würfeln – am einfachsten geht das mit einem Eierschneider. Dafür die Eier zuerst in Scheiben, dann in Streifen und zuletzt in kleine Würfel schneiden.

3. Die Kräuter waschen und trocken schütteln, die Blättchen fein hacken. Die Kräuter unter die Sauce rühren. Wer sie besonders fein haben möchte, nimmt dazu einen Pürierstab.

4. Die Eierwürfel in die Sauce geben und diese mit Salz und Pfeffer abschmecken. Entweder gleich genießen oder in einem sauberen Schraubglas im Kühlschrank aufbewahren. Haltbarkeit 3 Tage.

DAZU PASST SIE

Grüne Sauce schmeckt ganz ausgezeichnet zu Salzkartoffeln, gekochtem Rindfleisch wie Tafelspitz oder Ochsenbrust. Sie passt genauso gut zu Spargel, ob warm oder kalt als Spargelsalat, zu Fleischfondue und gegrilltem Schweinekotelett.

EIER UND KARTOFFELN MIT GRÜNER SAUCE

FÜR 2 PERSONEN
ZUBEREITUNGSZEIT CA. 30 MIN.
PRO PORTION CA. 400 KCAL

ZUTATEN
400 g vorwiegend festkochende Kartoffeln
Salz
4 Eier (Größe M)
1 EL Kräuteressig
2 TL mittelscharfer Senf
Pfeffer
1 1/2 EL Sonnenblumenöl
100 g saure Sahne
1 Bund gemischte Kräuter (z. B. Petersilie, Schnittlauch, Kerbel, Kresse, Pimpinelle, Sauerampfer, Borretsch, Dill oder Zitronenmelisse)

WEM DAS SCHMECKT, DER MAG AUCH

- den Spinat mit Spiegelei auf Seite **51**
- den Kartoffelsalat auf Seite **127**

1. Die Kartoffeln schälen, längs vierteln und in einem Topf mit Wasser bedecken. Mit 1 Prise Salz aufkochen und in ca. 15 Min. bei mittlerer Hitze weich kochen.

2. Die Eier anpiksen, in einem Topf mit Wasser bedecken, aufkochen und wachsweich oder hart (s. Tipp) kochen.

3. Inzwischen die Grüne Sauce zubereiten wie links in Step 1 und Step 3 beschrieben. Die Kartoffeln in ein Sieb abgießen und abtropfen lassen. Die Eier mit einem Esslöffel herausnehmen, kurz unter dem kalten Wasserstrahl »abschrecken«, pellen und halbieren. Die Salzkartoffeln auf zwei tiefe Tellern verteilen, mit Eiern und grüner Sauce anrichten.

EI, EI – INFO

Vor dem Kochen das Ei am besten an der stumpfen Seite mit einer Nadel anpiksen. Unter der Schale befindet sich dort eine Luftblase, die sich bei Wärme ausdehnt und das Ei im kochenden Wasser zum Platzen bringen könnte. Eier der Gewichtsklasse M sind in 4–5 Min. weich (d. h. das Eigelb ist noch ganz flüssig), in 5–6 Min. wachsweich (d. h. das Eigelb beginnt zu stocken) und in ca. 10 Min. hart gekocht.

Die ultimativen Food-Highlights

DIE TEUERSTEN, DIE LUSTIGSTEN, DIE SKURRILSTEN: WIR HABEN VERBLÜFFENDES ÜBER DEIN ESSEN HERAUSGEFUNDEN. OB ABSOLUTES NONPLUSULTRA ODER ULTRASCHRÄGE ENTDECKUNG, DIESE KURIOSEN FAKTEN KANNTEST DU BESTIMMT NOCH NICHT.

DIE BESTEN *Fatburner* AUS DER KÜCHE

1. Wasser
2. Ingwer
3. Apfel
4. Garnelen
5. Spargel

Die teuersten *Lebensmittel* der Welt

Kopi-Luwak-Kaffee:
Die indonesische Spezialität wird aus Bohnen hergestellt, die von Schleichkatzen nach dem Verzehr von Kaffeefrüchten wieder ausgeschieden werden.

Kugelfisch:
Für die Zubereitung der gefährlichsten Delikatesse der Welt wird den Köchen eine Spezialausbildung abverlangt – deshalb ist »Fugu« in Japan ein teurer Luxus-Fisch (siehe Bild oben).

Arganöl:
Das wertvolle Öl soll wahre Wunder für Schönheit und Gesundheit bewirken. Gewonnen wird es aus den Früchten des Arganbaums in Marokko.

Beluga-Kaviar:
Der Genuss der Störeier ist und bleibt ein kostspieliges Vergnügen. Kaviar gilt als das schwarze Gold – ein Schatz aus dem Meer.

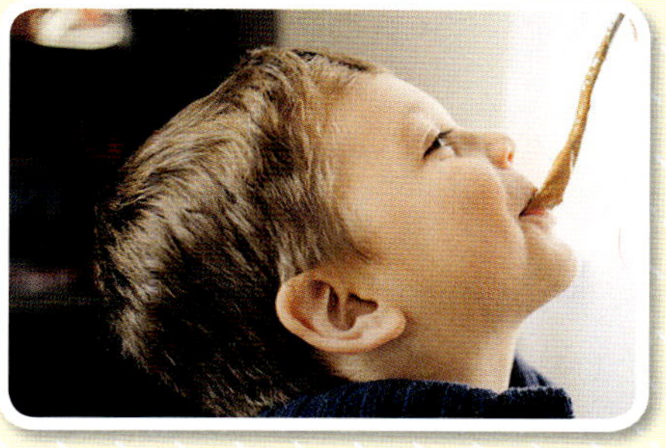

DIE KALORIENREICHSTEN LEBENSMITTEL

Schweineschmalz

Mayonnaise

Erdnussbutter

DIE ERSTAUNLICHSTEN FAKTEN ÜBER GEMÜSE

1. 2,4 Kilo **Kürbiskerne** aus 30 Ölkürbissen werden benötigt, um 1 Liter Kürbiskernöl daraus herzustellen.
2. Mit einer Portion **Grünkohl** kannst du 90 % des Tagesbedarfs an Vitamin C decken.
3. **Radieschen** liefern gerade einmal 15 kcal pro 100 g.
4. Eine **Tomate** besteht zu unglaublichen 95 % aus Wasser.

DIE SKURRILSTEN KÜCHENGERÄTE (DIE ES WIRKLICH GIBT)

Eierschalensollbruchstellenverursacher
Currywurstschneider
Tomatenstrunkentferner
Löffelwaage
Nudelportionierer

Ein Grund zu feiern!

Eis-zum-Frühstück-Tag: Ja, diesen Tag gibt's wirklich! An jedem ersten Samstag im Februar ist dank dieses außergewöhnlichen Feiertags das Eisessen ganz offiziell schon zum Frühstück erlaubt.

Kein-schmutziges-Geschirr-Tag: Dieser seltsame Feiertag am 18. Mai ist kein 24-Stunden-Spül-Marathon. Im Gegenteil: Es ist ein Tag, an dem du erst gar kein Geschirr benutzen darfst. Also an diesem Datum lieber mal zum Auswärts-Essen verabreden.

Lade-deinen-Webmaster-zum-Essen-ein-Tag: Am 6. Juli ist es Zeit für ein dickes DANKESCHÖN an den Webmaster, der sicher auch dein Leben schon einmal gerettet hat. Nämlich zu dem Zeitpunkt, als du mit hängendem Kopf und dem »Ich glaub, ich hab das Internet gelöscht«-Spruch in sein Büro geschlappt bist. Nicht wahr?

91

KÜRBISSUPPE

PLATZ 1 IN DER HERBSTLICHEN SUPPENKÜCHE

KÜRBIS-KOKOS-SUPPE MIT INGWER

FÜR 4 PERSONEN
ZUBEREITUNGSZEIT CA. 40 MIN.
PRO PORTION CA. 240 KCAL

ZUTATEN

800 g Hokkaido- oder Muskatkürbis
3 Schalotten
1 Stück frischer Ingwer (ca. 2 cm)
1 EL Currypulver
2 EL Olivenöl | 1 TL Zucker
400 ml kräftige Gemüsebrühe (Instant)
400 ml Kokosmilch (aus der Dose)
2 EL Kürbiskerne
Salz | Pfeffer

AUSSERDEM

Kürbiskernöl zum Beträufeln

1. Den Kürbis in breite Spalten schneiden, die Kerne und das faserige Innere mit einem Löffel entfernen, die Spalten schälen und in ca. 2 cm große Würfel schneiden. Schalotten schälen und fein hacken. Ingwer schälen und fein reiben.

2. Das Öl in einem breiten Topf erhitzen. Schalotten und Ingwer darin 1–2 Min. dünsten. Die Kürbiswürfel und das Currypulver hinzufügen und unter Rühren 3 Min. mitdünsten. Den Zucker einstreuen und hellbraun karamellisieren.

3. Die Gemüsebrühe und die Kokosmilch mit in den Topf gießen, alles langsam zum Kochen bringen und bei mittlerer Hitze zugedeckt 15–20 Min. kochen, bis der Kürbis weich ist. Inzwischen die gekauften Kürbiskerne in einer Pfanne ohne Fett rösten, bis sie anfangen zu knistern.

4. Die Suppe mit dem Pürierstab oder im Mixer fein pürieren und anschließend kurz aufkochen. Mit Salz und Pfeffer würzen und auf Suppenteller verteilen.

5. Die Portionen jeweils mit einigen Tropfen Kürbiskernöl beträufeln und mit den Kürbiskernen bestreuen. Sofort servieren. Dazu passt Stangenweißbrot.

KÜRBIS-APFEL-SUPPE

FÜR 4 PERSONEN
ZUBEREITUNGSZEIT CA. 35 MIN.
GARZEIT 25 MIN.
PRO PORTION CA. 245 KCAL

ZUTATEN

1 kg Kürbis (z. B. Hokkaido oder Moschus, geputzt ca. 750 g)
2 säuerliche Äpfel (z. B. Boskop)
2–3 EL frisch gepresster Zitronensaft
1 Stange Lauch
1 große Zwiebel
2 EL Butter
2 EL Zucker
800 ml Gemüsebrühe (Instant)
Salz | Pfeffer
2 Msp. Currypulver
1/2 TL gemahlener Koriander
80 g Sahne

AUSSERDEM

Apfelspalten (nach Belieben)

WEM DAS SCHMECKT, DER MAG AUCH

die Möhrensuppen auf Seite **182**

die Gemüsesuppe auf Seite **171**

1. Aus dem Kürbis alle Kerne entfernen und die Schale wegschneiden. Kürbisfleisch in 1–2 cm große Würfel schneiden. Die Äpfel waschen, vierteln und das Kerngehäuse herausschneiden. Die Apfelviertel ebenfalls 1–2 cm groß würfeln und mit 1 EL Zitronensaft mischen. Lauch längs halbieren, waschen, putzen und in dünne Streifen schneiden. Die Zwiebel schälen, längs halbieren und in dünne Streifen schneiden.

2. Die Butter im Suppentopf zerlassen. Zwiebel und Lauch darin bei mittlerer Hitze langsam anbraten. Den Zucker darüberstreuen und leicht karamellisieren – dabei immer wieder umrühren, damit am Boden nichts anbrennt! Die Kürbis- und Apfelwürfel dazugeben und ca. 2 Min. mitdünsten. Die Gemüsebrühe dazugießen und alles mit Salz, Pfeffer, Curry und Koriander würzen. Zugedeckt 20–25 Min. kochen.

3. Dann die Sahne zur Suppe gießen und heiß werden lassen. Die Suppe mit einem Pürierstab cremig pürieren. Mit übrigem Zitronensaft, Salz und Pfeffer abschmecken.

4. Besonders fein schmeckt die Suppe mit gebratenen Apfelspalten als Topping. Einfach Apfelspalten in Butter braten und mit Honig und Zucker karamellisieren.

92

TEXMEX-TACOS

KNUSPRIGE MAISFLADEN MIT CHILI-GEMÜSE GEFÜLLT: TACOS SIN CARNE

FÜR 2 PERSONEN
ZUBEREITUNGSZEIT CA. 40 MIN.
PRO PORTION CA. 1075 KCAL

ZUTATEN

FÜR DAS CHILI
1 Möhre | 1 Petersilienwurzel
1 kleine Zwiebel | 1–2 Knoblauchzehen | 1 Bund kleine Frühlingszwiebeln | 1 frische rote Chilischote
2 EL Sonnenblumenöl
1 EL Tomatenmark
1 kräftige Prise getrockneter Oregano
1 Prise gemahlener Kreuzkümmel
1 Schuss Rotwein (nach Belieben)
1 Dose stückige Tomaten (240 g Abtropfgewicht)
50 ml Gemüsebrühe (Instant)
1 rote Paprikaschote
1 Dose Kidneybohnen (250 g Abtropfgewicht)
1 kleine Dose Maiskörner (140 g Abtropfgewicht)
Chiliflocken | Salz | Pfeffer

FÜR DIE ORANGENCREME
150 g Crème fraîche
1 TL Orangensaft | 1 TL Sonnenblumenöl | 1/2 TL abgeriebene Schale von 1 Bio-Orange
Salz | Chiliflocken

AUSSERDEM
4–8 Maistortilla Taco Shells (s. Tipp)
50 g geriebener Cheddar-Käse

1. Für das Chili die Möhre, die Petersilienwurzel und die Zwiebel schälen, putzen und in winzige Würfel schneiden. Den Knoblauch schälen und sehr fein hacken. Die Frühlingszwiebeln putzen und waschen, weiße und hellgrüne Teile in sehr feine Ringe schneiden. Schönes dunkles Grün separat schneiden und beiseitelegen. Die Chilischote waschen, putzen und längs halbieren, die Kerne je nach gewünschter Schärfe entfernen, die Hälften klein hacken.

2. In einem Schmortopf das Öl erhitzen. Das Gemüse bis auf die Chili darin bei mittlerer bis starker Hitze unter Rühren anbraten. Das Tomatenmark dazugeben und alles ca. 5 Min. unter Rühren braten, aber nicht dunkel rösten. Oregano, Kreuzkümmel und die gehackte Chili darüberstreuen. Alles nach Belieben mit dem Rotwein ablöschen; es darf zischen. Dann die Dosentomaten dazugeben, die Gemüsebrühe angießen, aufkochen und alles offen 5–10 Min. sanft kochen.

3. Inzwischen die Paprikaschote waschen, putzen und in feine Würfel schneiden. Bohnen und Mais in ein Sieb abgießen, mit kaltem Wasser spülen und zusammen mit den Paprikawürfeln in den Topf zum Chili geben. Alles weitere 15 Min. sanft kochen, dann mit Chiliflocken sowie Salz und Pfeffer abschmecken.

4. Inzwischen für die Orangencreme in einer kleinen Schüssel die Crème fraîche mit Orangensaft, Sonnenblumenöl und 1/2 TL Orangenschale glatt rühren. Dann mit Salz und 1 Prise Chiliflocken abschmecken. Zum Garnieren das übrige Frühlingszwiebelgrün sowie etwas Chiliflocken darüberstreuen.

5. Die Creme zusammen mit dem heißen Chili, den Taco Shells und dem Käse servieren. Bei Tisch füllt jeder seine Shells selbst mit dem Chili und gibt Orangencreme und geriebenen Käse darauf.

KEINE TACO SHELLS GEFUNDEN?

Die knusprigen Taco-Schalen aus Maismehl sind nicht in jedem Supermarkt zu finden. Stattdessen kannst du das Chili in Suppenschalen mit je 1 Klecks Creme verziert servieren und Tortilla-Chips als Löffel benutzen.

93

SCHWARZWÄLDER KIRSCHTORTE

DIE BELIEBTESTE DEUTSCHE TORTE – HIER IM SÜSSEN KLEINFORMAT

FÜR 1 KLEINE SPRINGFORM (18 CM Ø)
ZUBEREITUNGSZEIT CA. 35 MIN.
RUHEZEIT 12 STD.
BACKZEIT 30 MIN.
PRO STÜCK CA. 450 KCAL (BEI 6 STÜCKEN)

ZUTATEN

FÜR DEN BISKUITTEIG
4 Eier (Größe M) | 80 g Zucker
75 g Mehl | 25 g Speisestärke
25 g Kakaopulver

FÜR DIE FÜLLUNG
1 Glas Schattenmorellen (370 g Abtropfgewicht)
4 TL Speisestärke
1 Pck. Bourbon-Vanillezucker
350 g Sahne
1/2 EL Puderzucker
2–3 EL Kirschwasser (nach Belieben)

AUSSERDEM
Butter für die Form | geraspelte Schokolade zum Verzieren (s. Tipp)

WEM DAS SCHMECKT, DER MAG AUCH

den Schokokuchen auf Seite **147**

das Tiramisu auf Seite **167**

1. Am Vortag für den Biskuit den Backofen auf 180° vorheizen. Den Boden der Form einfetten. Die Eier trennen. Zuerst die Eiweiße steif schlagen, dann den Zucker, die Eigelbe und 2 TL Wasser untermischen. Mehl mit Speisestärke und Kakao mischen und darüberstäuben. Alles vorsichtig unterheben.

2. Den Biskuitteig in der Form glatt streichen. Im Backofen (Mitte) ca. 30 Min. backen. Die Stäbchenprobe machen: Sobald an einem hineingestochenen Holzstäbchen kein Teig mehr klebt, ist der Kuchen fertig. Den Tortenboden in der Form erkalten lassen, herauslösen und über Nacht stehen lassen.

3. Am nächsten Tag den Boden zweimal horizontal durchschneiden. Für die Füllung die Kirschen abtropfen lassen, dabei den Saft auffangen. Die Speisestärke mit wenig Saft verrühren. Den übrigen Saft mit Vanillezucker in einem Topf zum Kochen bringen. Die Speisestärke dazugeben und unter Rühren aufkochen, bis der Saft andickt. Vom Herd ziehen. 10 schöne Kirschen zum Verzieren beiseitestellen, die restlichen unter den Saft mischen. Abkühlen lassen.

4. Die Sahne zusammen mit dem Puderzucker steif schlagen. Den untersten Teigboden mit der Kirschmasse bestreichen. Den zweiten Boden auflegen und nach Belieben mit Kirschwasser beträufeln. Dann etwa ein Drittel der Sahne darauf verstreichen. Den letzten Boden darauflegen und die Torte mit der übrigen Sahne überziehen. Mit Kirschen und geraspelter Schokolade verzieren.

SCHNELLE SCHOKORASPEL

Von einem Kuvertüreblock oder einer Tafel Zartbitterschokolade mit dem Sparschäler oder mit einer sehr groben Reibe Späne oder Raspel abziehen und auf den Kuchen fallen lassen. Das klappt am besten mit gekühlter Schokolade und sieht auf Sahnetorten oder Schokoguss klasse aus. Fertig gekaufte »Raspelschokolade« ist besonders bequem für schnelle Kuchenteige.

DREI CRAZY IDEEN FÜR X-Mas

Wer richtig wagemutig is(s)t, könnte sich statt für die traditionelle Weihnachtsgans auch mal für diese verrückten Einfälle aus dem Netz begeistern. Yippie-ya-yeah!

1. **Snowman-Pizza:** Mit drei unterschiedlich großen Pizza-Teigfladen die Silhouette eines Schneemanns formen. Mit (weißem) Käse belegen, mit Oliven und Möhren dekorieren.
2. **Turkey Cake:** Ein Kuchen aus Truthahn, Kartoffelpüree, Süßkartoffeln und ganz oben eine Schicht aus Marshmallows.
3. **Cheeseball Man:** Drei unterschiedlich große Kugeln aus reinem Schmelzkäse formen, mit Frischkäse bestreichen, zu einem Schneemannkörper zusammensetzen und mit Gemüse verzieren. Vor den Augen der Gäste langsam in einem Fondue-Topf schmelzen.

Santa Claus is coming

WEM DAS SCHMECKT, DER MAG AUCH

- den Rinderbraten auf Seite **223**
- das Brathähnchen auf Seite **83**

Domenica, GU-Marketing

Bei Pinterest & Co. beschäftigt unsere User vor den Feiertagen nur eines: Was soll ich zu Weihnachten kochen? Je stressfreier, desto besser!

94

GÄNSEBRATEN

FESTTAGSSCHMAUS NICHT NUR ZUR WEIHNACHTSZEIT

FÜR 6 PERSONEN
ZUBEREITUNGSZEIT CA. 1 STD.
GARZEIT CA. 4 STD.
PRO PORTION CA. 980 KCAL

ZUTATEN

FÜR DIE GANS
1 Frühmastgans (ca. 3,5 kg)
Essig | Salz | Pfeffer
1 säuerlicher Apfel (Boskop)
1 Zwiebel
2 EL helle Rosinen
2 TL getrockneter Beifuß
2 TL Kartoffelmehl (ersatzweise Speisestärke)

FÜR DAS ROTKRAUT
1 kg Rotkohl
1 große Zwiebel
1 Apfel
2 EL Gänsefett (aus dem Bräter abschöpfen)
2 EL Zucker | Salz
2 TL Wacholderbeeren
3 Gewürznelken
1 Lorbeerblatt
Essig

AUSSERDEM
Holzspieße oder Rouladennadeln
Küchengarn
Geflügelschere

1. Die Gans innen und außen mit etwas Essig abreiben, dann salzen und pfeffern. Mit der Brust nach unten in einen Bräter legen und mit ca. 500 ml kochendem Wasser übergießen. Zugedeckt bei schwacher bis mittlerer Hitze 1 Std. auf dem Herd sanft kochen. Die Gans herausheben, die Brühe abgießen und abkühlen lassen. Den Backofen auf 220° vorheizen.

2. Den Apfel schälen, vierteln und ohne Kerngehäuse klein schneiden. Zwiebel schälen, vierteln und mit Apfel, Rosinen und Beifuß in den Gänsebauch füllen, die Öffnung zustecken oder mit Küchengarn zunähen. Gans mit der Brust nach unten in den Bräter legen und offen im heißen Ofen (unten) ca. 1 Std. 30 Min. braten.

3. Von der Gänsebrühe das Fett für das Rotkraut abschöpfen. Die Gans ab und zu mit der eigenen Brühe übergießen. Sobald die Oberseite gut gebräunt ist, die Gans wenden und weitere 1 Std. 30 Min. garen, regelmäßig mit Brühe begießen.

4. Inzwischen den Rotkohl putzen und in Streifen schneiden oder hobeln. Die Zwiebel und den Apfel schälen, in Würfel schneiden und in 2 EL abgeschöpftem Gänsefett anbraten. Den Zucker darüberstreuen und leicht bräunen. Das Rotkraut unterrühren und knapp mit Wasser bedecken. Salzen, Wacholder, Nelken und Lorbeerblatt hinzufügen und zugedeckt bei schwacher Hitze knapp 1 Std. schmoren. Kräftig mit Essig abschmecken.

5. Die Gans zum Schluss mit stark gesalzenem Wasser bestreichen, noch einmal in den Backofen schieben und die Haut knusprig werden lassen. Aus dem Bräter heben. Den Bratenfond in einen Topf geben und mit etwas Wasser aufkochen. Kartoffelmehl mit kaltem Wasser anrühren und die Sauce damit binden.

6. Die Gans mit einer Geflügelschere zerteilen und die Füllung herausnehmen. Die Gans mit dem Rotkraut, der Füllung und der Sauce servieren. Am besten schmecken dazu die Kartoffelklöße von Seite 21.

95

PFANNKUCHENSUPPE

SUPPEN KÖNNEN GLÜCKLICH MACHEN, DIESE GANZ BESONDERS

FÜR 4 PERSONEN
ZUBEREITUNGSZEIT CA. 30 MIN.
PRO PORTION CA. 335 KCAL

ZUTATEN
3 Eier (Größe M)
1 Prise Salz
250 ml Milch (3,5 % Fett)
200 g Mehl
1 EL Mineralwasser
1 Handvoll Sauerampferblätter (ersatzweise Rucola)
1/4 TL gemahlene Kurkuma
2 EL neutrales Pflanzenöl
1 1/4 l guter Rinderfond (aus dem Glas)
Salz | Pfeffer
frisch geriebene Muskatnuss

1. In einer Rührschüssel die Eier mit Salz und der Milch mit einem Kochlöffel aufschlagen. Portionsweise das Mehl darunterrühren und dann das Mineralwasser dazugeben – das macht den Teig schön luftig.

2. Den Sauerampfer abbrausen, trocken schleudern und nicht zu fein hacken. Zusammen mit der Kurkuma (ergibt eine tolle Farbe!) zum Pfannkuchenteig geben. Alles wirklich gut verrühren. Den Backofen auf 70° vorheizen.

3. In einer beschichteten Pfanne etwas Öl erhitzen und eine nicht zu große Schöpfkelle Teig in die Pfanne geben. Durch Schwenken der Pfanne den Teig so verteilen, dass sich ein dünner Fladen ergibt. Sobald der Teig beginnt, fest und goldbraun zu werden, mit einem Pfannenwender den Pfannkuchen umdrehen und auf der anderen Seite ebenfalls ganz leicht bräunen. Auf diese Weise den ganzen Teig verarbeiten; je nach Pfannengröße ergibt das 3–4 Pfannkuchen. Die fertigen Pfannkuchen im Backofen warm halten.

4. Inzwischen in einem großen Topf den Rinderfond erhitzen, aber nicht sprudelnd kochen. Mit Salz, Pfeffer und Muskat abschmecken.

5. Die Pfannkuchen nacheinander locker aufrollen und mit einem großen Messer in Streifen von gewünschter Breite schneiden. Die kleinen Pfannkuchen-Nester in tiefe Teller oder Suppentassen legen und mit dem heißen Fond auffüllen.

WEM DAS SCHMECKT, DER MAG AUCH

die Gemüsesuppe auf Seite **171**

die Pfannkuchen auf Seite **16**

WO BEKOMME ICH SAUERAMPFER?

Sauerampfer bekommst du auf dem Wochenmarkt oder beim gut sortierten Gemüsehändler (am besten vorbestellen!). Du findest ihn aber auch außerhalb der Stadt auf gut mit Wasser versorgten Wiesen. Er ist ein klassisches Frühlingskraut und sieht mit seinen pfeilförmigen Blättern dem Spinat recht ähnlich. Wenn du, wie bei diesem Rezept, die Blätter frisch verwendest, kommt die charakteristische Säure bestens zum Tragen. Du kannst die Blätter aber auch ganz kurz durch kochendes Wasser ziehen und dann eiskalt abschrecken, um die Säure abzumildern. Ersatzweise passen Rucolablätter ebenfalls zum Rezept.

96

SCHOKOPUDDING

ZWEIMAL SCHOKOPUDDING IN VÖLLIG NEUEN MMHH-DIMENSIONEN

SCHOKOPUDDING MIT KARAMELL-SAUCE

FÜR 2 PERSONEN
ZUBEREITUNGSZEIT CA. 30 MIN.
KÜHLZEIT 2 STD.
PRO PORTION CA. 630 KCAL

ZUTATEN

FÜR DEN PUDDING
70 g Bitterschokolade (70 % Kakaoanteil)
250 ml Milch (3,5 % Fett) | 1 gehäufter EL Speisestärke (ca. 15 g) | 1 EL Zucker

FÜR DIE SAUCE
40 g Zucker | 100 g Sahne
1 EL Bourbon-Vanillezucker

AUSSERDEM
2 EL gesalzene geröstete Erdnusskerne

1. Für den Pudding die Schokolade mit einem Messer grob hacken. Die Stärke mit 3 EL Milch glatt rühren.

2. In einem kleinen Topf die übrige Milch zusammen mit dem Zucker erhitzen und die Schokolade unter Rühren darin schmelzen. Sobald die Schokomilch leicht kocht, die Milch-Stärke-Mischung einrühren und die Puddingmasse unter Rühren ca. 1 Min. kochen. Den Schokopudding auf zwei Dessertschüsselchen verteilen.

3. Für die Sauce in einem kleinen Topf bei mittlerer Hitze den Zucker schmelzen und hellbraun karamellisieren. Die Sahne mit dem Vanillezucker verrühren, dann zum Karamell gießen (Vorsicht, es kann spritzen!). Alles unter Rühren weiter erhitzen, bis sich der Karamell in der Sahne aufgelöst hat.

4. Die Sauce vorsichtig mittig auf die Puddingportionen gießen und alles mindestens 2 Std. abkühlen lassen. Kurz vor dem Servieren die Erdnusskerne über die Desserts streuen.

MASALA-SCHOKOLADEN-PUDDING

FÜR 2 PERSONEN
ZUBEREITUNGSZEIT CA. 15 MIN.
KÜHLZEIT 1 STD.
PRO PORTION CA. 545 KCAL

ZUTATEN

80 g Zartbitterschokolade mit Kakaostückchen (ersatzweise normale Zartbitterschokolade)
2 EL Zucker
1/2 TL Zimtpulver
1 TL Garam Masala (indische Gewürzmischung)
1 EL Kakaopulver
1 EL Speisestärke
250 ml Milch (3,5 % Fett)
1 Eigelb (Größe M)
80 g Sahne
1/2 Pck. Vanillezucker

AUSSERDEM

Zimtpulver zum Bestäuben (nach Belieben)

WEM DAS SCHMECKT, DER MAG AUCH

den Schokokuchen auf Seite **147**

den Grießflammeri auf Seite **173**

1. Die Schokolade mit den Kakaostückchen (die sorgen für einen überraschenden Biss) fein hacken.

2. Zucker, Zimt, Garam Masala, Kakao und Stärke in einen Topf geben. Gut zwei Drittel der Milch unter Rühren dazugießen; es sollen sich keine Klümpchen bilden. Danach die Mischung bei mittlerer Hitze langsam zum Köcheln bringen.

3. Inzwischen die übrige Milch in ein Schüsselchen geben und gründlich mit dem Eigelb verquirlen. Dann die Eigelb-Milch-Mischung unter Rühren zur Kakaomilch gießen. Das Ganze 1–2 Min. unter Rühren kochen, bis die Masse dick-cremig geworden ist.

4. Vom Herd nehmen, dann die gehackte Schokolade dazugeben und rühren, bis sie sich vollständig gelöst hat. Den Pudding ca. 1 Std. abkühlen lassen, dabei immer wieder umrühren, damit sich keine Haut bildet.

5. Den abgekühlten Pudding in 2 Schälchen oder Gläser füllen. Die Sahne mit dem Vanillezucker steif schlagen. Je 1 Klecks Sahne auf den Pudding geben und nach Belieben mit etwas Zimtpulver bestäuben.

97

RINDERBRATEN

SO MUSS ER SEIN: SAFTIG MIT EINER AROMATISCHEN SAUCE

FÜR 4 PERSONEN
ZUBEREITUNGSZEIT CA. 45 MIN.
GARZEIT 3 STD.
PRO PORTION CA. 950 KCAL

ZUTATEN
2 Zwiebeln
1 Möhre
1 Stück Knollensellerie (ca. 100 g)
1,3 kg Rinderschulter (beste Qualität, gut abgehangen)
Salz | Pfeffer
2 großzügige Prisen Mehl
3 EL Pflanzenöl
2 EL Tomatenmark
1 TL brauner Zucker
500 ml kräftiger Rotwein (z. B. Cabernet Sauvignon)
1 l Rinderbrühe (Instant oder aus dem Glas)
1 Saucenlebkuchen (ca. 50 g)
6 Stängel Petersilie
1 TL Wacholderbeeren
3 Gewürznelken
1 TL schwarze Pfefferkörner
1 TL Pimentkörner
3 Lorbeerblätter
1–2 TL Speisestärke (je nach Bedarf)

1. Die Zwiebeln, die Möhre und den Sellerie schälen und in ca. 1 1/2 cm große Würfel schneiden. Das Rindfleisch, falls nötig, von Sehnen befreien, rundherum mit Salz und Pfeffer würzen und mit Mehl einstäuben.

2. Das Öl in einem Schmortopf erhitzen. Darin bei starker Hitze das Fleisch 2 Min. scharf anbraten, wenden und weitere 2 Min. anbraten. Dann mithilfe einer Fleischzange »aufstellen« und ringsherum auch die Schmalseiten in jeweils ca. 2 Min. anbraten. Fleisch aus dem Topf heben und auf einen Teller legen.

3. Zwiebeln und Gemüse in den Topf geben und in ca. 5 Min. hellbraun rösten. Tomatenmark einrühren, mit Zucker bestreuen und 2 Min. mitrösten. Alles mit 1 Schuss Rotwein ablöschen und 2 Min. einkochen, dann wieder mit 1 Schuss Wein ablöschen und ca. 3 Min. einkochen. Diesen Vorgang noch zweimal wiederholen.

4. Restlichen Rotwein und Rinderbrühe dazugießen, das Fleisch wieder einlegen und aufkochen. Den Saucenlebkuchen grob zerkleinern und dazugeben. Den Braten abgedeckt ca. 2 Std. bei geringer Hitze schmoren, dabei ab und zu wenden.

5. Die Petersilie abbrausen und trocken schütteln. Die Blätter abzupfen (anderweitig verwenden) und die Stängel zusammen mit den Gewürzen und Lorbeerblättern zur Sauce geben. Den Braten noch 1 Std. weiterschmoren, bis er gar ist. Das Fleisch sollte beim Einstechen schön weich sein; eine Fleischgabel sollte sich leicht ins Fleisch stechen und herausziehen lassen.

6. Den fertigen Rinderbraten aus der Sauce heben, beiseitestellen. Sauce durch ein feines Sieb gießen und auffangen. Gemüse und Aromen durch das Sieb drücken, Rückstände wegwerfen. Die Sauce und das Fleisch wieder in den Topf geben, aufkochen. Die Stärke mit 2–3 EL kaltem Wasser verrühren (je nach Konsistenz der Sauce weniger oder mehr Stärke nehmen), unter die Sauce rühren und bei mittlerer Hitze in ca. 5 Min. sämig einkochen. Sauce mit Salz und Pfeffer abschmecken.

7. Den Rinderbraten in knapp fingerdicke Scheiben schneiden und mit der Sauce auf Tellern anrichten. Als Beilage eignen sich dazu am besten die selbst gemachten Butterspätzle auf Seite 37 oder die Knödel auf den Seiten 20 und 21.

10 GERICHTE, DIE DU GARANTIERT AUS DEINER *Kindheit* KENNST

Fischstäbchen hast du als Kind geliebt? Bis heute gehört dieses Gericht beim Nachwuchs zu den absoluten Favoriten unter den Lieblingsessen. Erinnerst du dich auch noch an diese Klassiker? Da werden Erinnerungen wach …

- Milchreis (Rezept S. 90)
- Buchstabensuppe (Rezept für Gemüsesuppe S. 171)
- Schinkennudeln (Rezept S. 201)
- Hühnerfrikassee (Rezept S. 151)
- Pfannkuchen (Rezept S. 16)
- Königsberger Klopse (Rezept S. 65)
- Kartoffelpuffer mit Apfelmus (Rezept S. 66)
- Kartoffelsuppe mit Würstchen (Rezept S. 115)
- Grießbrei (Rezept S. 172)
- Waffeln (Rezept S. 229)

Fisch, ahoi!

WEM DAS SCHMECKT, DER MAG AUCH

- die Ofenkartoffel mit Matjes auf Seite **175**
- die Hackbällchenpfanne auf Seite **99**

Susanne Bodensteiner, Familenkochbuch-Autorin

Ob verpatzte Mathearbeit oder Stress mit der Lehrerin: Am Familientisch kann man über alles reden – und oft sieht die Welt dann schon ganz anders aus.

98

FISCHSTÄBCHEN

KNUSPERSPASS MIT »JOPPIESAUCE«, DEM NIEDERLÄNDISCHEN SAUCEN-HIT

FÜR 4 PERSONEN
ZUBEREITUNGSZEIT CA. 30 MIN.
PRO PORTION CA. 670 KCAL

ZUTATEN

FÜR DIE SAUCE
1 kleine Schalotte
1 TL Zucker
150 g leichte Salatcreme
1 Msp. Tomatenmark
1/2 TL mittelscharfer Senf
1/2 TL Currypulver
Salz | Pfeffer

FÜR DEN FISCH
800 g weißes Fischfilet (frisch oder aufgetaute TK-Ware, z. B. Seelachs oder Kabeljau)
2 EL Zitronensaft
Salz | Pfeffer
1/2 TL Currypulver
150 g Cornflakes
50 g Semmelbrösel
80 g Mehl
3 Eier (Größe M)
100 ml neutrales Pflanzenöl zum Braten

1. Für die Joppiesauce die Schalotte schälen und sehr fein würfeln. Mit dem Zucker mischen, bis dieser ganz aufgelöst ist. Mit Salatcreme, Tomatenmark, Senf und 1/2 TL Currypulver verrühren. Die Sauce mit Salz und Pfeffer abschmecken.

2. Das Fischfilet abbrausen, trocken tupfen und in längliche Stücke in der Größe von Fischstäbchen schneiden. Die Fischsticks mit Zitronensaft beträufeln und mit Salz, Pfeffer und übrigem Currypulver würzen. Den Backofen auf 80° vorheizen.

3. Die Cornflakes im Blitzhacker zermahlen, mit den Semmelbröseln mischen und auf einen flachen Teller häufen, das Mehl auf einem zweiten Teller verteilen. Die Eier in einem tiefen Teller verquirlen. Die Fischsticks zuerst im Mehl wenden, dann durch das Ei ziehen und zuletzt in der Cornflakesmischung wenden.

4. Das Öl in zwei großen Pfannen erhitzen. Die Fischsticks darin portionsweise rundherum in ca. 6 Min. goldbraun braten. Fertige Sticks auf Küchenpapier entfetten und im Backofen warm halten. Mit der Joppiesauce servieren. Dazu passen die Pommes frites von Seite 25 und ein Gurkensalat (s. Tipp).

FIXER GURKENSALAT

Für einen leckeren Gurkensalat 2 Bio-Salatgurken waschen, putzen und mitsamt der Schale in dünne Scheiben hobeln. Mit 1 TL Salz mischen, 10 Min. ziehen lassen und die Flüssigkeit abgießen. 3 EL Aceto balsamico bianco, 3 EL Öl und 2 TL Zucker untermischen, salzen und pfeffern. Zum Verfeinern nach Belieben noch 2 EL frischen oder TK-Dill und 2 EL Schmand unterrühren.

99

LEBER MIT ZWIEBELN UND ÄPFELN

DAS BEKANNTE TRADITIONSREZEPT »BERLINER ART« – ETWAS ABGEWANDELT

FÜR 4 PERSONEN
ZUBEREITUNGSZEIT CA. 50 MIN.
PRO PORTION CA. 460 KCAL

ZUTATEN
4 Scheiben Kalbsleber (je 150–200 g)
4 EL Mehl
200 ml neutrales Pflanzenöl
4 EL Portwein
100 ml Rotwein
2 Zweige Thymian
2 EL eiskalte Butter
Salz | Pfeffer
2 Zwiebeln
2 große säuerliche Äpfel (z. B. Topaz oder Braeburn)
1/2 Vanilleschote
2 EL Apfelbrand (nach Belieben)

1. Den Backofen auf 100° vorheizen. Die Kalbsleberscheiben waschen, trocken tupfen und auf beiden Seiten mit 2 EL Mehl bestäuben. 2 EL Öl in einer Pfanne erhitzen und die Leber darin zunächst auf der einen Seite in 1–2 Min. bei mittlerer Hitze braten, bis auf der oberen Seite Flüssigkeit austritt. Die Scheiben umdrehen und mit der anderen Seite ebenso verfahren. Die Leberscheiben in eine feuerfeste Form legen und im Ofen warm halten.

2. Den Bratensatz in der Pfanne mit Portwein lösen, dann den Rotwein aufgießen. Die Thymianzweige abbrausen und dazugeben. Die Sauce bei mittlerer Hitze ca. 5 Min. einkochen. Dann 1 EL Butter darunterschlagen und so die Sauce leicht binden. Mit Salz und Pfeffer abschmecken. Die Thymianzweige entfernen und die Sauce über die Leber im Backofen gießen. Die Pfanne sauber auswischen.

3. Die Zwiebeln schälen und in dünne Ringe schneiden oder hobeln, diese gleichmäßig mit dem übrigen Mehl bestäuben und gut durchmischen. Das restliche Öl in der Pfanne erhitzen und darin die Zwiebeln in 4–5 Min. goldbraun frittieren. Auf Küchenpapier abtropfen lassen.

4. Die Äpfel waschen, entkernen und in dünne Spalten schneiden. Vanilleschote längs aufschneiden und das Mark herauskratzen. Die restliche Butter in der Pfanne schmelzen und darin bei geringer Hitze die Äpfel 2–3 Min. dünsten, dabei auch Vanilleschote und -mark dazugeben. Zum Schluss mit Apfelbrand aromatisieren.

5. Die Leberscheiben auf Teller geben und die Sauce darüberlaufen lassen. Äpfel und Zwiebeln daneben anrichten. Dazu schmecken Kartoffelpüree und der Rotwein, der auch für die Sauce verwendet wird.

WEM DAS SCHMECKT, DER MAG AUCH

- die Rinderrouladen auf Seite **19**
- die Maultaschen auf Seite **81**

AUCH GUT: SELLERIE-KARTOFFEL-PÜREE

Dafür 500 g Knollensellerie und 500 g mehligkochende Kartoffeln schälen und klein würfeln. In wenig kochendem Salzwasser ca. 20 Min. garen, bis alles weich ist. Das Gemüse in ein Sieb abgießen und durch eine Kartoffelpresse in den Topf pressen. 200 ml Milch und 100 g Sahne zusammen erhitzen und unter das Püree rühren.

100

WAFFELN

SIE DUFTEN SO VERFÜHRERISCH: NUSSWAFFELN MIT KIRSCHEN UND SAHNE

FÜR 8 WAFFELN
ZUBEREITUNGSZEIT
CA. 1 STD. 15 MIN.
PRO STÜCK CA. 510 KCAL

ZUTATEN

FÜR KOMPOTT UND VANILLESAHNE
1 Glas Schattenmorellen (370 g Abtropfgewicht)
1 Vanilleschote
1 Zimtstange | 2 EL Zucker
1 gehäufter EL Speisestärke
250 g Sahne

FÜR DIE WAFFELN
150 g weiche Butter
150 g Zucker | 1 Prise Salz
3 Eier (Größe M) | 100 g Mehl
50 g Speisestärke
1 TL Backpulver | 1 TL Zimtpulver
50 g gemahlene Haselnusskerne
1 EL Rum (nach Belieben)

AUSSERDEM
Fett für das Waffeleisen

WEM DAS SCHMECKT, DER MAG AUCH

die Crêpes auf Seite **163**

die Beeren-Minis auf Seite **116**

1. Für das Kirschkompott die Kirschen auf ein Sieb gießen und abtropfen lassen, dabei den Saft auffangen. Die Vanilleschote der Länge nach aufschlitzen und das Mark herauskratzen. Kirschsaft, Vanilleschote, die Hälfte des Vanillemarks, Zimt und 1 EL Zucker in einen Topf geben und aufkochen. Die Speisestärke mit 2 EL Wasser glatt rühren und in den kochenden Kirschsaft einrühren. Aufkochen und die Flüssigkeit leicht eindicken, dann den Topf vom Herd ziehen und die Kirschen unterrühren. Abkühlen lassen.

2. Für die Waffeln Butter, Zucker und Salz schaumig verrühren. Die Eier einzeln gründlich unterrühren. Mehl, Speisestärke, Backpulver und Zimt in eine Schüssel sieben und gemahlene Haselnüsse dazugeben. Die Mischung nach und nach unter die Butter-Zucker-Masse rühren. Nach Belieben den Rum unterrühren.

3. Das Waffeleisen vorheizen, die Backflächen mit einem Küchenpinsel dünn einfetten. Etwa 2 EL Teig mittig auf die untere Backfläche geben und das Waffeleisen schließen. Die Waffel in ca. 2 Min. knusprig-hellbraun backen. Die Waffel herausnehmen, auf ein Kuchengitter legen und mit dem übrigen Teig genauso verfahren. Dabei die Waffeln möglichst nicht übereinander legen, dann bleiben sie knusprig.

4. Zimtstange und Vanilleschote aus dem Kirschkompott herausnehmen. Sahne mit 1 EL Zucker und übrigem Vanillemark halbsteif schlagen. Die Waffeln mit Kompott und Vanillesahne anrichten.

VARIANTE HEIDELBEERKOMPOTT

200 ml Orangensaft mit 2 EL Zucker, 1/2 Zimtstange und 1 Stück Bio-Zitronenschale in einem Topf langsam aufkochen. 50 ml Orangensaft mit 2 EL Speisestärke verquirlen, in den heißen Saft rühren und sanft kochen, bis er gebunden ist. 400 g TK-Heidelbeeren unaufgetaut dazugeben, langsam aufkochen und 2–3 Min. sanft kochen. Vom Herd nehmen und abkühlen lassen. Die Zimtstange und die Zitronenschale herausfischen.

GERICHTE NACH GRUPPEN

SALATE

SUPPEN

BEILAGEN

GEMÜSE, NUDELN, REIS, KARTOFFELN

AUS DEM OFEN

FLEISCH

FISCH & CO.

SAUCEN UND DIPS

KUCHEN UND SÜSSSPEISEN

REGISTER VON A BIS Z

A

B

C

Q

R

S

T

W

Z

DIE FOTOGRAFEN

REZEPTBILDER

Mona Binner
Seite 24, 46, 62, 80, 91, 104, 166, 197, 204, 212, 220

Barbara Bonisolli
Seite 49-2, 129-1

Klaus-Maria Einwanger
Seite 18, 20, 21, 22, 28, 39, 50, 52, 76, 102, 165, 170, 173, 176, 190, 194, 216, 221, 222

Fotos mit Geschmack, Ulrike Schmid und Sabine Mader
Seite 34, 38, 44, 45, 84, 90, 96, 100, 143, 158, 207

Maria Grossmann und Monika Schürle
Seite 40, 94, 126

Julia Hoersch
Seite 15, 36, 60, 64, 70, 114, 125, 138, 142, 144, 150, 184, 192, 198

Ulrike Holsten
Seite 152, 153

Silvio Knezevic
Seite 74, 82, 218, 226

Kramp + Gölling, Fotodesign
Seite 67, 86, 110, 188-1, 214

Coco Lang
Seite 27, 85, 140, 146, 156, 180, 202, 224

Jana Liebenstein
Seite 32, 54, 56, 134, 154

Mathias Neubauer
Seite 42, 72, 117, 132

Jörn Rynio
Seite 59, 26, 133, 160, 206

Wolfgang Schardt
Cover und Seite 3, 16, 92, 103, 112, 122, 130, 174, 178, 182, 183, 186, 211, 228

Anke Schütz
Seite 17, 98, 162, 172, 210

Thorsten Suedfels
Seite 10, 12, 66, 78, 120, 161

Nicky Walsh
Seite 118, 136

Alexander Walter
Seite 200

Michael Wissing
Seite 106

AGENTURBILDER

Action Press
Seite 189-2

Getty
Seite 189-1

iStock
Seite 31-9

Seasons Agency
Seite 149-1, 169-3

Shutterstock
Seite 8, 30, 31 (ohne 31-9), 48, 49-3, 69-3, 88, 108, 109-3, 109-4, 128, 129 (ohne 129-1), 148 (ohne 148-1), 149 (ohne 149-1), 168-1, 168-2, 169 (ohne 169-3), 188-2, 188-3, 189-2, 189-3, 208-1, 208-2

Stocksy United
Seite 49-1, 68, 69-1, 69-2, 89, 109-1, 109-2, 148-1, 168-3, 208-3, 209

Appetit auf mehr?

ISBN 978-3-8333-6162-8

ISBN 978-3-8338-5998-4

ISBN 978-3-8338-5334-0

ISBN 978-3-8338-1579-9

ISBN 978-3-8338-6458-2

ISBN 978-3-8338-5105-6

e Auch als eBook erhältlich.

G|U

Willkommen im Leben.

Mehr von GU auf **www.gu.de** und
facebook.com/gu.verlag

IMPRESSUM

Herausgeberinnen: Adriane Andreas, Verena Kordick

Projektleitung: Verena Kordick

Redaktion und Lektorat: Adriane Andreas, Verena Kordick

Assistenz Bildredaktion: Lisa Gerstmayr

Texte der Sonderseiten: Viola Lex

Korrektorat: Jutta Friedrich

Coverfotografie: Wolfgang Schardt

Umschlaggestaltung und Innenlayout: independent Medien-Design, Horst Moser, München

Satz: Knipping Werbung GmbH, Berg am Starnberger See

Herstellung: Petra Roth

Reproduktion: Repro Ludwig, Zell am See

Druck des Überzugs: Dr. Cantz'sche Druckerei Medien GmbH, Esslingen

Druck des Innenteils und Bindung: Firmengruppe APPL, aprinta druck, Wemding

ISBN 978-3-8338-6146-8
1. Auflage 2018

Umwelthinweis: Dieses Buch ist auf PEFC-zertifiziertem Papier aus nachhaltiger Waldwirtschaft gedruckt.

Syndication: www.seasons.agency

Die GU-Homepage finden Sie unter www.gu.de

www.facebook.com/gu.verlag

Quellen zu Seite 108–109:
Deutsches Bundesministerium für Ernährung und Landwirtschaft: Deutschland, wie es isst. Der BMEL-Ernährungsreport 2017. Online-Informationen des österreichischen Bundesministeriums für Land- und Forstwirtschaft, Umwelt und Wasserwirtschaft: Die Ernährungsgewohnheiten der Österreicher. Online-Informationen des Schweizer Bundesamts für Lebensmittelsicherheit und Veterinärwesen und des Bundesamts für Gesundheit: menuCH – Nationale Ernährungserhebung.

Backofenhinweis: Die Backzeiten können je nach Herd variieren. Die Temperaturangaben in unseren Rezepten beziehen sich auf das Backen im Elektroherd mit Ober- und Unterhitze und können bei Gasherden oder beim Backen mit Umluft abweichen. Details entnehmen Sie bitte Ihrer Gebrauchsanweisung.

QUALITÄTS GU GARANTIE

Liebe Leserin, lieber Leser,

haben wir Ihre Erwartungen erfüllt? Sind Sie mit diesem Buch zufrieden? Haben Sie weitere Fragen zu diesem Thema? Wir freuen uns auf Ihre Rückmeldung, auf Lob, Kritik und Anregungen, damit wir für Sie immer besser werden können.

GRÄFE UND UNZER Verlag
Leserservice
Postfach 86 03 13
81630 München
E-Mail:
leserservice@graefe-und-unzer.de

Telefon: 00800 / 72 37 33 33*
Telefax: 00800 / 50 12 05 44*
Mo–Do: 9.00 – 17.00 Uhr
Fr: 9.00 – 16.00 Uhr
(gebührenfrei in D, A, CH)*

Ihr GRÄFE UND UNZER Verlag
Der erste Ratgeberverlag – seit 1722.

GRÄFE UND UNZER

Ein Unternehmen der
GANSKE VERLAGSGRUPPE